妈妈的秘书

让作文从**丑小鸭**到**小天鹅**

崔美荣　胡利民　著

中国言实出版社

图书在版编目（CIP）数据

妈妈的秘书：让作文从丑小鸭到小天鹅 / 崔美荣，胡利民著. -- 北京：中国言实出版社，2023.1

ISBN 978-7-5171-4363-5

Ⅰ.①妈… Ⅱ.①崔… ②胡… Ⅲ.①作文课—小学—教学参考资料 Ⅳ.①G624.243

中国国家版本馆CIP数据核字（2023）第005452号

妈妈的秘书：让作文从丑小鸭到小天鹅

责任编辑：王建玲
责任校对：张天杨
绘　图：刘怀英　刘怀芹

出版发行：中国言实出版社
地　址：北京市朝阳区北苑路180号加利大厦5号楼105室
邮　编：100101
编辑部：北京市海淀区花园路6号院B座6层
邮　编：100088
电　话：010-64924853（总编室）　010-64924716（发行部）
网　址：www.zgyscbs.cn　电子邮箱：zgyscbs@263.net

经　销：新华书店
印　刷：徐州绪权印刷有限公司
版　次：2023年8月第1版　2023年8月第1次印刷
规　格：880毫米×1230毫米　1/32　10.375印张
字　数：190千字

定　价：58.00元
书　号：ISBN 978-7-5171-4363-5

序言

　　这是一本酝酿已久的书。笔者早前辅导孩子作文的时候，近距离感受到孩子写作中的酸甜苦辣，也在不断思考孩子作文提升之道，就有意识将作文本保存下来，希望历经岁月沉淀，好好总结辅导这些作文的心得体会，分享给更多妈妈和孩子，助力孩子熟悉写作基本规律，更加轻松写出满意的文字。

　　这是一本写给妈妈孩子的书。妈妈在孩子成长过程中无论是情感投入，还是时间投入，通常都占据极为重要的地位。小学阶段，很多妈妈辅导孩子可谓全科老师，遇到学科难度较大和耗费时间精力较多的主要是作文。写作这本书初衷就是为妈妈和孩子提供作文辅导"秘书"，同样希望成为妈妈和孩子的工具书、案头书、常备书、参考书。

　　这是一本解疑释惑的书。如何帮助孩子把作文从"丑小鸭"写成"小天鹅"。这是很多妈妈的美好向往，也是部分妈妈跟笔者交流较多的话题。她们希望有一本跟自己孩子作文水平接近的作文辅导书，不要求都是优秀范文，只盼望可以作为贴近实际的样本参考、路径指引，既要有条分缕析、鞭辟入里的生动点评，又要与孩子现实作文写作没有距离。这本书就是希望解决妈妈和孩子这样的困惑。

这是一本家校接轨的书。全书所选作文案例，主要基于笔者孩子小学阶段的作文，个别案例来自家族晚辈。这些作文皆为学校语文老师根据教学要求安排，写人写景写事写动植物写读后感，内容都是家里事、班里事、身边事、日常事，与孩子日常学习和生活内外联系皆较紧密，对老师、妈妈和孩子都具有较强的可借鉴性和启发性。

这是一本对比分明的书。本书体例主要通过对比原稿和修改稿，分析点评原稿优缺点以及修改稿改进完善之处，紧密结合每篇案例的特点和堵点探索解析作文修改之道，为妈妈和孩子原汁原味全景展示作文修改完善过程，力求让大家一目了然对比，既知其然，又知其所以然，既便于妈妈参照辅导孩子作文，又便于孩子对照自己作文体会写作方法。这种笔法借鉴了《秘书的秘书2：公文处理实例》，希望给大家提供新鲜参考。

这是一本解决有话可说的书。孩子下笔无言是妈妈普遍关心的问题。作文是现实生活的生动反映，以规范系统和紧密联系的文字形式表现作者所见所闻所感所想所盼所得所避，基本都是源于作者日常观察思考以及学习生活履历。孩子如果注意观察思考，善于积累所见所闻所感所想所盼所得所避，就能围绕主题有针对性集中笔墨恰到好处地表达叙说。本书通过一个个具体案例，生动展示如何善于找出对象显著特点，如何写出立体、生动和丰富的事物特点，如何围绕主题各有侧重叙述，如何合理安排篇章结构等，让孩子写作文不容易止步于内容单薄、形象瘦窄和无话可说，甚至偏离主题叙述。

这是一本表述方式丰富的书。孩子写作文干干巴巴、别别扭扭也是妈妈头疼的事情。本书针对孩子作文常见问题，从孩子角度运用孩子视角介绍如何选择合适角度切入主题，运用恰如其分的笔法，既要写眼里看到的、耳朵听到的，又要写心里想到的、大脑思考的，有时还要考虑别人是怎么看的，同时写出自己的情感情怀、美好向往和写作想法。每篇案例都结合写作对象特点做了具体阐述，力求让妈妈和孩子知道如何落笔、表述，如何丰富内容。

这是一本声情并茂的书。孩子写作文怎么老不感人呢？笔者认为，主要在于孩子始终以旁观者身份叙述事实，没有将自己融合到描写对象之中。本书通过很多案例反复示范如何把作者融入描写对象，把自己作为现场环境组成部分，设身处地写出真情实感，把所思所想融会于景、于物，做到景中有情、情中有景、情景交融、情物相通、人境相通，也就是古人所说的"登山则情满于山，观海则意溢于海"。

这是一本表述规范的书。作文表述规范主要包括字词、语法、标点等内容。这不仅是学生写作必备基本知识，而且是走上工作岗位写作材料必备基础技能。有些人因为在学校阶段未能跨过语言表述规范关，到退休了都写不出完整流畅的句段，也分辨不出哪里该用句号，哪里该用逗号。本书结合部分原稿中语法错误、标点错用、字词不当、语句不全、句段不齐等表述不规范典型问题分别解析修正，并在全书按照语言表达规范处理文字，可以有效帮助孩子解决这些看似简单、实则重要的小毛病。特别需要提醒的是，本书只在部分案例结合典型问题做深入解析，还有很多地方囿于篇幅限制，只做改动，未作细述，希望大家对照新旧稿参考比较。

这是一本传递快乐的书。生活是快乐的，家庭是快乐的，校园是快乐的，学习是快乐的，写作是快乐的。积极快乐生活是写好作文的基础。父母为孩子生活和学习创造快乐的家庭环境。教师为孩子学习和成长创造快乐的校园环境。孩子也要保持乐观快乐的心态健康成长和读书学习。孩子保持快乐的心态，写出来的文字必然充满快乐。妈妈保持快乐的心态，辅导孩子的过程同样充满快乐。相信大家可以透过本书诸多案例清晰感知笔者孩子作文中扑面而来的快乐。

这是一本倡导共同成长的书。家庭是孩子的第一所学校。父母是孩子的第一任老师。家庭和父母在孩子成长过程中发挥的作用至关重要，具有不可替代性。家长不论如何忙碌，都要积极主动创造共同成长的团队氛围，多与孩子玩耍同乐，带领孩子走进大自然，感受大自然，亲近大自然，利用各种方式让孩子更多更好感知世界，善于跟孩子共同成长、分享成长。这可以有效帮助孩子保持活跃的写作灵感，储备丰富的素材源泉。笔者相信大家很容易从本书字里行间感受家庭共同成长的动人场景，以及对于孩子作文的深刻影响。

这是一本注重立意的书。孩子有时候很苦恼，为什么老师经常说自己作文没有高度。笔者认为主要是就事写事，就事论事，做什么就写什么，看见什么就写什么，老师让写什么就写什么，主动将写作对象与大历史、大情怀、大境界、大视野、大事件、大道理等融会贯通、提炼升华做得不够。本书总体上都在积极挖掘隐藏在素材背后的历史文化和精神理念，积极融入家国情怀、价值追求，追求"言从楼起、意在楼外"的意境，力求让作文变得更有意义，直抒胸臆表达自己对环境、生活、人生、社会的理解感受和美好向往，让世界变得更加美好温润，让社会变得更加清朗温暖，让作文变得有灵魂、有高度、有情怀。

这是一本注重架构的书。作文构架犹如人体。标题是眼睛，灵动、会说话，展现文章的灵魂。脊梁是人体支柱，文章支柱就是主线，主线要有腹部、臀部、臂膀，主体不突出就不好看，就没有曲线美。细节是经脉，经脉通则不痛不堵，人则康健。作文经脉贯穿于全文，也就是细节。经脉在作文中有时是一句话，有时是一个小小段落，是联结、转换内容的纽带，又能起到深化内容、提升主题等作用，同时还能推动情节发展。

这是一本层次分明的书。孩子怎样才能厘清头绪、有条不紊写好作文呢？别急，本书注重段落层次问题，解析了部分层次不明篇章，针对存在问题作出层次分明调整。孩子日常要勤于观察总结，善于按照轻重缓急或个性特点有条不紊叙述。不论写什么题材，大家都要紧紧围绕中心思考应该写哪几个方面内容，每块内容又要安排哪些事项，能把这些内容和事项梳理出来，文章层次及脉络基本也就出来了，还容易做到重点突出、详略得当、层次清晰、段落分明。

这是一本注重总结的书。写作本身就在培养孩子判断分析、思考总结、融会知识的能力，也在培养孩子将来阅读理解、消化吸收和沟通交流等本领。本书注重启发孩子培养总结思维，帮助孩子学习观察思考、梳理分类和提炼表达，经过长期潜移默化反复练习，就能逐渐提升总结能力，慢慢找到技巧和窍门，写出来的作文就容易条目清晰、主次分明。

这是一本植根生活的书。生活处处皆文章，留心处处有素材。希望各位妈妈有意识涵养孩子热爱劳动、热爱生活、热爱亲朋好友、热爱自然的心，善于从家里事、身边事、眼前事、邻里事、心里事等中寻找灵感、素材，主动做好与学校课堂语文教学的融会衔接，坚持从小事写起，把小事写好，把小事写美，在日积月累、潜移默化中不断提升写作水平。

这是一本贯通前后的书。作文是相通的，无论是小学阶段、初中阶段、高中阶段，还是大学阶段、职场阶段，作文都要求围绕中心、主题鲜明、内容充实、详略得当、层次分明。不同阶段只是在内容、篇幅、层次、深度、中心等方面各有异同。本书点评、解析、修改和完善注重兼容并蓄，力求打通从小学、初中到高中各个阶段写作连接通道。初高中学生可以逆向倒灌阅读参考，也许会有手拍脑袋、恍然大悟、原来如此的感觉。

这是一本接轨职业的书。学习阶段练习作文是为了走上岗位写好工作材料，也为让孩子长大后能够熟练运用文字表达自己和对外沟通。本书阐述风格不同于一般课堂教学要求，也不仅仅满足于就作文讲作文，而是启发孩子热爱生活、快乐生活、出彩生活、熟悉生活、总结生活、表达生活，熟悉写作规律后走上岗位，可以更好更快适应工作需要。对于职场人士淬炼写作能力来说，本书同样具有启发性和参考性。

这是一本朴实无华的书。本书延续《秘书的秘书》"工作怎么干、材料怎么写"的风格，坚持从生活出发，做到写作对象什么样，作文就怎么写；心里怎么想，作文就怎么写；力求用朴实无华的语言返归作文本义；不求面面俱到，不倡导辞藻华丽、堆砌词语、无病呻吟、虚空无味，不建议孩子为了作文而作文，而是训练表达自己、展示自己、传递思想的意识和习惯。笔者衷心期待，老师、妈妈和孩子都不再刻意追求辞藻华丽、华而不实、浮于半空的文风，而要善于扎根大地、立足生活写出内容实在、文风朴实的好作文。

这是一本图文并茂的书。为给孩子轻松写作提供鲜活启发，我们希望配套深度契合内容的精美插图，既给孩子带来美好的文字阅读体验，又给孩子带来绘画美的熏陶。我们通过多方寻访，有幸请到插画艺术家刘怀英、刘怀芹姐妹俩。刘怀英为连云港师范高等专科学校美术学院教授，先后担任过江苏省基础教育美术专家委员会委员、江苏省学前教育专家委员会委员，曾出版《立体纸工创意制作》，并为多本儿童文学作品创作插画作品。刘怀芹为上海市毓秀学校美术特级教师、青浦区特级教师工作室主持人，曾出版《童年巴士》《泡泡糖迪诺》《画说西游：刘怀芹〈西游记〉人物造像》等绘本。两位老师联合创作的插图人物造型、氛围营造、色彩搭配、风格创意、主题提炼都与作文内涵深度融合，既源于文字又高于文字，运用富有想象力的传神之笔生动展示作文主人公的丰富内心活动，充分体现了时代感、时尚感、童趣感和艺术感，完美实现了我们的美好向往。

本书写作前后历时五年。我爱人胡利民从选题、布局、校阅和润色等方面给予很多帮助。部分妈妈、网友、亲友、同事分别从不同角度提出不少有益建议，对于本书更臻完美起到重要作用，在此一并致谢！

囿于个人学养尚待厚实，本书如有疏漏和不足之处，敬请批评指正。

崔美荣

2023 年 6 月 26 日于花果山下见山阁

目录

写人篇

002 ／ 我的自画像

009 ／ 我的妈妈

021 ／ 妈妈也时尚

027 ／ 我给妈妈洗脚

033 ／ 我的爸爸

041 ／ 爸爸说谎了

045 ／ 我的老师

记事篇

054 ／ 做下蹲

062 / 周末大扫除

068 / 有趣的打牌游戏

074 / 第一次包粽子

083 / 打倒困难"牛魔王"

090 / 两个"两分钟"

098 / 精彩难忘的"六一"联欢会

106 / 有趣的买卖

115 / 逛超市

125 / 快乐的中秋节

138 / 养猫家庭会议

147 / 小鬼们的野餐

158 / 对自己说：我行

写景篇

172 / 我爱你啊，连云港

181 / 游玩花果山

190 / 美丽的石棚山

202 / 美丽的星海湖

216 ／ 孔望山的秋叶

225 ／ 这里真美

231 ／ 台　风

写动植物篇

238 ／ 我家来了一位稀客

247 ／ 港城的菊花

257 ／ 小狗挑食

262 ／ 不幸的瞬间

270 ／ 可爱的小乌龟

277 ／ 懒　猫

283 ／ 喵星人球球的花样睡姿

292 ／ 陪小鸡玩

299 ／ 找　鱼

读后感篇

307 ／ 知识守护生命

写人篇

我的自画像

（原稿）

　　我叫熙颜，今年9岁啦，生肖属牛，性格开朗，身高1.3米，体重56斤。瘦瘦的我喜欢粉红色，爱打羽毛球，妈妈平时还打不过我呢。我喜欢看课外书，尤其是笑话书，非常好玩。每天中午能吃两碗饭呢。妈妈总是嫌我吃得多，叫我少吃点。我活泼可爱，喜欢交朋友，每天一回家，挂在嘴边总是为什么，为什么，对妈妈唠叨个不停，因为我是个对什么都

我的自画像

（修改稿）

　　那个眼睛大大、头发黑黑、个子高高的女孩就是我——熙颜。我今年9岁啦，在三年级6班，身高1.3米，体重56斤，特别喜欢粉红色和看课外书。

　　我特别喜欢粉红色，因为粉红色代表活泼可爱、温馨明快。我的衣服就是粉红色的。我喜欢扎粉红色的皮筋，戴粉红色的头夹，穿粉红色的鞋袜，更喜欢粉红色的花朵。

　　我还喜欢看课外书，买了许多书。比如说：《中国儿童画报》《野生动物》《十万个为什么》，还买了《安徒生童话》《格林童话》《未来科学家》……我的书柜里放了一百多本，走进我的小屋就像走进书的海洋。这些可爱的读物给了我很多快乐。

　　这就是我，一个既喜欢粉红

好奇的女孩。

色又喜欢读书、眼睛大大、头发黑黑、个子高高的女孩。

可敬的妈妈们：孩子初学作文时往往有着强烈的好奇心，通常会带着很多新鲜感尝试用文字表达自己。比较有效的办法就是让孩子练习写自己熟悉的人、事、物和环境，锻炼从身边事物中观察、思考、提炼、选材和组织语言的能力，能够围绕某一主题有针对性地组织语言文字，争取把某一事物说清楚、讲生动、感染人。在孩子身边众多素材之中，最为熟悉的莫过于写孩子自己。孩子如果能够学会运用文字生动活泼描绘自己，就能比较轻松地描绘其他事物。

原稿语言比较活泼，简明扼要介绍了自己诸多特点。这说明作者对自己的特点和个性很了解，落笔就能列出这些特点，显得视野很开阔，用语很活，应予肯定。不足之处就是特点多了就没有特点。如能选择自己认为最突出的特点，集中笔墨介绍，就容易做到重点突出、主题鲜明。

修改稿舍弃了打羽毛球、吃饭、交友、好奇心强等内容，开头介绍自己容貌、年龄及体重等基本情况，接着抓住喜欢粉红色、喜欢看书这两个主体，具体介绍自己喜欢粉红色内容、为什么喜欢粉红色；收藏了哪些书，为什么喜欢读书。全文虽然不长，但是改变了原稿没有

这些可爱的
读物给了我很多
快乐。

重点、言之无物的缺点，读来就如饮甘泉，清清爽爽，很有特色。作者最后还不忘简单总结一下自己的鲜明特点。这让全文有了一个完美的结尾。

修改稿段落结构很有代表性，对于孩子安排作文结构具有很好的启发意义。这就是开头有简略总写，然后选择重点内容分别集中叙述，最后概括总结，也就是作文中常见的"总分总"结构。这种段落结构属于作文经典结构之一，比较容易掌握。孩子可以好好体会，熟练掌握，灵活运用，以便为轻松写好作文奠定良好基础。

小作者的《我的优点》跟《我的自画像》有点类似，抓住画画、吹笛、手工、助人和爱心等优点，分别介绍各个优点的简况，能够做到结构清晰、段落集中、主题鲜明、详略得当，可与《我的自画像》对照阅读，现收录供大家参考。

我的优点

我认为自己身上有很多优点，其中值得一提的就是画画得好、笛子吹得好、手工做得好、助人为乐、爱护弱小。

我画的画可好了。每次画画，我都会聚精会神先思考一下，画什么，然后拿出彩笔画起来，把自己想到的情景变成一张张五彩斑斓的作品。我在线描班画画时，作品还被贴到墙上呢！我的画还上过《成果报》，被收录进市里书画比赛专刊，还获得过奖状呢。在家里，妈妈也夸我画得好。《成长记录》上，美术老师也表扬我色彩感强。

我吹笛子也吹得好。每天我写完作业都会练上一会儿，巩固复习已学的内容。学习时，我总会认真听老师吹笛子的声音，仔细看他的手法。我吹的时候，老师都表扬我接受快，领悟透。在外公七十大寿的时候，我还在全家人面前露了一手，获得家人的热烈鼓掌。

我的手工也非常好。每次做手工时，老师都拿我的作品到讲台前给同学们做示范。遇到母亲节、父亲节等节日，我都会用灵巧的双手，做一件称心如意的礼物给他们。他们比收到任何东西都高兴。

我常常帮助身边需要帮助的同学。有一次，媛媛没带作业本，我就从书包里拿出新本子给她。雨雨钢笔忘带了，我就将另一支钢笔借给他。徐超的红领巾和校徽都没带，我就将随身备用的红领巾和校徽借给他。

我也爱护弱小动物。阳阳逮了一只蚂蚱，玩弄它。我看到了，很生气，请他放了，告诉他，要爱护弱小动物。

这就是我，一个优点多多、阳光灿烂的好学生。

小作者还有一篇作文《海豚》，虽然只有一段，但是抓住了海豚的叫声和表演动作这两个特点，读起来让人印象深刻。内容如下：

海　豚

大家好，我的名字叫海豚，是人类的好朋友。我的个儿挺大，均长为 1.5 米，体重约 55 公斤，可比你们重多啦。不信，你和我们比一比吧。我还有一种你们不知道的功能，就是可以发出很多种声音，吱吱声、口哨声、抱怨声、拍手声，等等。每种声音都很迷人哦。可别小看我，我还是一名出色的杂技演员呢，可以表演各种高难度动作哦，比方说，顶球、牵船、跳舞、钻火圈……很多小朋友都是我的粉丝。怎么样，我算得上海洋里表演最棒的明星吧。

再看小作者的《钢笔》。这篇短文抓住钢笔的外形、功能特点，介绍比较具体，语言生动有趣。请大家一并参阅。

钢　笔

我是一支可爱的小钢笔，每天都穿着一件橘黄色外衣。你瞧我那顶圆柱形小帽子可爱不可爱？摘下我的帽子，露出银白色舌头，再握住我的身体就可以写字了。墨水没有了怎么办呢？只要轻轻旋转我的外衣，就会看见一个透明的肚子，这是我留着专门喝水的，吸完了水一定要把我的衣服穿上哦。

我可是小主人的好帮手。她可喜欢我了，到哪儿都带着我。

我的妈妈

（原稿）

我的妈妈也许在别人的心目中不是那么完美无瑕，可是，在我的心目中，妈妈就是那样的完美无瑕。

她拥有一双水灵灵的眼睛，可爱的鼻子，漂亮的嘴巴，黑亮亮的头发，美丽极了！当然，这只是我心目中对妈妈的赞扬。

星期五的中午，我和往常一样回到了家里。一走进我的小屋便闻到了花的香味。"咦！怎么有一股栀子花的香味？"我半怀疑地想着。我在书桌上找到了它的身影。这位雪白的"花仙子"快乐地站在我的

我的妈妈

（修改稿）

我的妈妈也许在别人心目中不是那么完美无瑕，可是在我心目中，永远是最完美的人。

妈妈很美丽。她有一双水灵清澈的眼睛、小巧玲珑的鼻子、能言善语的嘴巴、乌黑油亮的头发。

妈妈不仅人美，而且心地善良。星期五中午，我和往常一样回到家里，一走进我的小屋便闻到花的香味。"咦！怎么有一股栀子花香味？"我半怀疑地想着，随后在书桌上找到了栀子花的身影。这位雪白的"花仙子"快乐地站在我的书桌上，身边还有一枝黄色康乃馨陪伴着。它芳香四溢，洁白无瑕。我用手摸了摸，用鼻子闻了闻，

书桌上，身边还有一枝康乃馨陪伴着它呢。我想，我的屋子里有栀子花，妈妈那屋一定也有。我连忙跑进妈妈的卧室，寻找这位"花仙子"。可是出乎我的预料，屋子里并没有"花仙子"，只有一枝康乃馨静静的躺在窗台上。

我跑进厨房，妈妈正在炒我最喜欢的可乐鸡翅。她亲切地说："宝宝，回来啦！看，妈妈做了你最爱吃的可乐鸡。"

我好奇地问妈妈："为什么你的房间里只放康乃馨，而我的还多放几枝栀子花呢？"妈妈说："因为妈妈想让你开心啊。栀子花，不仅香味怡人，而且颜色

用脸亲了亲，心里全是喜悦。我想，我的屋子里有栀子花，妈妈那屋一定也有。我一蹦一跳跑进妈妈的卧室，寻找这位"花仙子"。出乎我的预料，屋子里并没有"花仙子"，只有一枝康乃馨静静地躺在窗台上。

我又一蹦一跳跑进厨房，看到妈妈正在做我最喜欢的可乐鸡翅。她亲切地说："宝宝，回来啦！看，妈妈做了你最爱吃的可乐鸡翅。"

我好奇地问妈妈："为什么你的房间里只放康乃馨，而我的还多放了几枝栀子花呢？"妈妈说："因为你特别喜欢栀子花啊！妈妈想让你开心！栀子花，不仅香味怡人，而且颜色洁白。你在妈妈心中永远像它一样，你是妈妈洁白可爱的小公主，妈妈会永远因你而自豪。"原

洁白，愿你永远像它一样，做妈妈洁白可爱的小公主，妈妈会永远因你而自豪。"我的心里顿时暖了起来，一蹦一跳回到书房开心地写作业了。

自从这件事后，我明白了一个道理："予人玫瑰，手有余香。"直到现在，我还铭记在心。这句话成为我最喜欢的格言。妈妈对我的教育也像这句格言永远铭记在我的心中。

来，妈妈总是为我着想啊。怪不得妈妈的眼睛那么水灵清澈，原来总有藏不住的善良和喜悦啊！我的心里顿时暖了起来，一蹦一跳回到书房开心写作业了。

从此，我明白了一个道理："予人玫瑰，手有余香。"直到现在，我还铭记在心。妈妈总是让我从日常小事里体会到接纳和给予的快乐。渐渐地，我的眼睛里也像妈妈一样多了藏不住的善良和喜悦。

可敬的妈妈们：大家想知道自己在孩子心中到底是什么样的形象，通过作文就能发现了。有的善良，有的勤劳，有的时尚，有的凶如老虎，有的五味杂陈……对于妈妈在孩子心中的形象，美好的，大家要加勉；不好的，大家要想办法改正，努力在孩子心中树立美好的形象。

妈妈总是让我从日常小事里体会到接纳和给予的快乐。

这篇作文总体写得不错，能够紧紧围绕妈妈送我栀子花这件事，生动活泼叙述我和妈妈的对话、我的心理活动、妈妈对自己的疼爱和教育，以及自己从栀子花获得的生活感悟。原稿优点不少：

一是情感充沛。全文饱含妈妈对自己的关爱之情和自己对妈妈的感恩之意，较好描绘了母女之间情感交流和心灵共鸣的温馨情景。文章是人们心灵脉动和思想活动的外在反映，文字是表达人们思想情感的符号和载体。孩子写作文就是表达自己的思想情感、生活感悟、美好向往，有意识地带着感情遣词造句，将自己的思想情感融会到字里行间，就会写出有温度、有内涵的文字。相反，在没有感情的情况下写作文可能就容易泛泛而谈、浮光掠影。文字不能充分反映自己的思想情感，也就感动不了自己，当然也就感动不了读者。

二是细节温暖。我对妈妈的关心感受非常真切，对于妈妈的一举一动自然也就格外留意，运用细节描写手法多层面展示妈妈的细心和暖心。妈妈为我准备了栀子花和康乃馨，就会想到，妈妈是否也为自己准备了呢？这是一个非常细小的心理细节。可见，妈妈平时想着女儿的要多，关心自己的要少。这也是所有妈妈的伟大之处。小作者还不能深刻理解妈妈的做法，想问个明白。这是孩子的可爱之处。原来，妈妈是让自己在成长中总有快乐伴随，并且要学会分享快乐。

原稿小问题也是有的。

一是标点不规范。第一段"我的妈妈也许在别人的心目中不是那么完美无瑕"是个完整的陈述句，接下来的"可是，在我的心目中，妈妈就是那样的完美无瑕。"又是一句话，因此两句话中间应该用句号。鉴于两句话主语都是我的妈妈，也可以精简为一句话，省却第二句的主语。这样更加精练。另外一个问题就是顿号与逗号不分。"她拥有一双水灵灵的眼睛，可爱的鼻子，漂亮的嘴巴，黑亮亮的头发，美丽极了！"这几处逗号应为顿号。"我和往常一样回到了家里。一走进我的小屋便闻到了花的香味。"这两句话主语都是我，句号应为逗号。顿号用于并列的词、词组或短句之间停顿，分隔同类的并列的事。逗号用于一句话中间的停顿，是汉语使用频率最高的标点，主要用于句子内部主语和谓语之间、动词与宾语之间、状语后边以及复句内各分句之间停顿。带"啊""呀"等语气助词的并列词语之间也用逗号，不用顿号。句子状语后边如需停顿，也用逗号。标点符号在文章中有着举足轻重的地位。大家在作文起步阶段就要掌握标点符号用法，将来不论从事什么工作，写出来的材料才能避免标点符号出现问题。文章不论写得如何好，假如存在标点问题，再好的文字也会逊色。

二是用语不准。部分语句存在用语分散、"的"字较多等问题。例如，"我半怀疑地想着。我在书桌上找到了它的身影。"现在是两句话，第二个"我"字可以省却，前面换成逗号后就变成一句话。文中"的"字用得较多，也导致语言啰唆。例如，"星期五的中午"应直接说"星期五中午"。"的"字属于现代汉语高频用字，多用作结构助词，经常用在定语后表示词与词或短语之间修饰关系、领属关系等。尽管"的"字运用场合众多、频度很高，仍然注意适度，力求该用则用，能少用则少用，保持语句整齐有力。笔者经验，如把"的"字拿掉语意也通顺，那就直接拿掉。此外，还要注意区分"的"和"地"用法，形容词后用"的"，副词后面用"地"。"只有一枝康乃馨静静的躺在窗台上"中"的"在副词"静静"后，修饰动词"躺"，应用"地"。

三是内容和形象不丰满。文中描写康乃馨的文字比较简单，如从视觉习惯角度提及花色，内容和形象就能更加丰满了；在主角栀子花身上所花笔墨也欠少。

修改稿首先规范全文标点，精练语言文字，增加适当细节，融入作者更多情感。这里着重说说细节加工。

一是丰满花色。康乃馨明晰其黄色。栀子花描写了其香味、颜色以及自己的感受举止。

二是增加细节。主要增加动作细节反复描写。"我连忙跑进妈妈的卧室""我跑进厨房"都增加"一蹦一跳"这个动作，就比"连忙跑进"和"跑进"生动。这个动作文中出现三次，是属于动作细节重复描写。通过这一细节的反复描写，刻画孩子天真活泼、轻松快乐的心情。

三是刻画眼睛。眼睛是心灵的窗户，是文学作品刻画人物形象的重要落笔点。修改稿写妈妈的眼睛水灵清澈，不仅仅因为她年轻漂亮，而是因为她的善良和喜悦才表现出如此迷人的特点。这样就能深挖人物内心世界的特点，深入文章主题。通过描写妈妈的眼睛，修改稿还突出了妈妈对我的影响，"渐渐地，我的眼睛里也像妈妈一样多了藏不住的善良和喜悦"。妈妈的一言一行，让我耳濡目染，渐渐成长为善良的人，学会与人分享幸福与喜悦的人。刻画人物眼睛等外貌描写，不要为写外貌而全方位去描写外貌。各位妈妈如能知道外貌描写可以起到这样的作用，今后就可大胆为孩子修改作文啦。

四是升华主题。作文记人叙事写景状物议论等有几种境界：第一，停留表面，就事说事，能把事情说清楚也就不错了，这是写作初级阶段。无论是写几句话的短文，还是长大后写长篇大论的文章，孩子都应将把事情说清楚作为基本要求。这个境界可称为"是什么"。第二，透过表面，因事及理，在说清楚事情基础上表达隐藏于后的道理，传达作者为什么要写这篇文章的意图，希望能给读者带来什么样的阅读体验。这是写作中级阶段，也是大家经过长期写作训练后应当达到的境界。这个境界可称为"为什么"。第三，深入核心，展示情怀，在因事及理基础上将主题、视野、境界与大事件、大道理、大情怀等深度融合，善于以点带面、由表及里、由个人小我到家国情怀的大我，就能写出感染人、振奋人的优秀作品。这是作文的高境界，也是很多作家坚持不懈追求的目标之一。在学习阶段，学生作文比较难以达到这个境界，但眼里需要有这个境界，主动在作文训练过程中拓展视野、提高境界、抒发情怀，善于从更大视野谋篇布局、遣词造句。当代著名散文家梁衡先生可谓写作大事件、大情怀的代表作家，其作品《觅渡》《把栏杆拍遍》《树梢上的中国》等文集都可作为孩子吸收文化滋养、培养家国情怀、修炼醇厚文字的参考书。笔者希望各位妈妈找来读一读。修改稿末尾增加小作者从妈妈和栀子花那里获得的生活感悟和情感提升，脱离了就花写花、就妈妈写妈妈的一般叙述。

　　还有一篇可可同学写的《我的妈妈》也很有代表性。现在收录于此，略作点评，供大家参阅。

我的妈妈

（原稿）

　　我的妈妈平平无奇，却又充满特点。

　　妈妈三十八岁，身高大约一米六五，体重一百四十五斤。我的妈妈拥有一个圆圆的脸蛋，但可别小瞧了它，它可有许多特点，细细长长的柳眉，可爱的丹凤眼，像一个山的小鼻子，又大又红的嘴巴。每天妈妈一回家，红得像苹果一样的嘴巴，总是笑着。

　　每次我写作业，总会被她检查到好多错题，可真是火

我的妈妈

（修改稿）

　　我的妈妈平淡无奇，却又深具特点。

　　妈妈脸蛋圆圆的，柳叶眉细细的，还有一对可爱的丹凤眼。你可别小瞧了这一对丹凤眼，不亚于孙大圣的火眼金睛呢！

　　每次我写作业，总会被她检查到好多错题，可不是火眼金睛吗？

　　有一次写作文，我想马马虎虎交差了事，也没有细细检查，竟然把"太"字写成"大"了。妈妈的丹凤眼一瞟就看见啦。她马上亮开嗓门让我改正过来，很生气地说道："这么简单的字也写错，不是心不在焉，还能是什么呢？"

　　在后来的作文中，妈妈的丹凤眼总能发现我的错别字。这种很马虎的错误，妈妈再也无法

眼金睛呀，妈妈的性格也很有特点，一时温柔体贴，像一只小猫咪，一时凶得像一只大老虎。

有一次我把"太"写成了"大"，妈妈看见啦，马上让我改正过来。可后来我还是接二连三地错，这种很马虎的错误，我妈妈发了很大的火，我们一家人都没消停下来。可见我的妈妈是多么凶。但通过这件事，我知道不能再像这样马虎了。我开始调好心态，认真学习了。

我爱我的妈妈。

忍受了，发了很大的火。有一回把我的作文本"啪"地摔在桌子上，命令我抄写一百遍错字，还罚我一周不准吃零食。我的眼泪哗哗就淌下来了，搞得我们一家人都没消停下来。奶奶又是帮我擦眼泪，又是帮我收拾好作业本，又哄我快点写好，不要老惹妈妈生气。爸爸在一旁若无其事，不敢作声。可见妈妈多么凶。通过这件事，我知道不能再这样马虎，开始调好心态，认真学习了。

其实妈妈也是一个温柔体贴的人，有时也像一只小猫咪。不生气的时候，妈妈的丹凤眼笑起来十分可爱。

我的妈妈是一个很有特点的人吧。我爱我的妈妈，我爱她威严而慈爱的丹凤眼，感谢她让我养成严谨细心的好习惯。

　　简评：原稿第二段是典型的外貌描写堆砌，让大家大概了解妈妈是一个什么样外形，但它似乎和整篇文章尤其是下文没有筋骨相连，显得孤立不群。写文章要如走针线，针针相连，不能断线。无论写什么事物都要形神兼备，形神兼备才是很好的艺术表现。外貌描写之形要在人物活动中充分展示其人物之神，才能收到很美的艺术效果。

　　修改稿删去大段外貌描写，重点保留丹凤眼这一特点。这是为什么？根据原稿，重点是描写妈妈的火眼金睛，因此开头描写外貌时就要抓住这一特点，作一定交代和突出。在后文几段中又着意突出丹凤眼这一显著特征，既表现了人物的外貌特征，又强化了人物火眼金睛的性格特征。这样文章丝丝入扣，筋骨相连，首尾呼应，一气呵成。

　　修改稿第五段作了两点补充。一是妈妈"再也无法忍受了，发了很大的火"之后，补充妈妈发火的具体表现，突出表现"丹凤眼"的"凶"。二是在原稿"我们一家人都没消停下来"基础上增加奶奶和爸爸的反应，通过侧面描写进一步烘托妈妈"丹凤眼"的"凶"，丰富了场景人物，强化了矛盾冲突、矛盾调和、矛盾解决。

妈妈也时尚

（原稿）

时尚的姐姐来我们家做客，妈妈也就变得时尚起来了。

下午，姐姐带着我和妈妈逛超市。第一家，就是化妆店，姐姐认为可以的话，就介绍给妈妈，妈妈觉得可以就买下来，一转眼，就买了十几件小东西，而且都是我拎东西。

姐姐说："姑姑，你应该买点花衣服穿穿，显得靓丽时尚。"没想到，妈妈这么快就答应了。接着，我们又

妈妈也时尚

（修改稿）

时尚的姐姐来我们家做客，妈妈也就变得时尚起来了。

下午，姐姐陪着我和妈妈逛街。第一目标就是化妆店。化妆店里挤满了小姐姐，个个都打扮得很时尚。还有很多年轻的妈妈专心致志在柜台前选购化妆品。店里商品真是琳琅满目。姐姐精心为妈妈选择心爱的化妆品，什么描笔、粉霜、护肤霜、补水霜、口红啊，既有国产的又有国外的，一一介绍给妈妈。姐姐似乎什么都懂，用的都是我从来没听说过的，怪不得妈妈都管姐姐叫时尚小精灵呢！妈妈觉得东西可以，就买下来，一转眼，就买了十几件小东西。我可是为妈妈做服务的，小东西都由我来拎着。

买完化妆品，姐姐说："姑姑，你应该买点花衣服穿穿，显

去了卖衣服的地方。我们左挑右挑。妈妈说："熙颜，你觉得好看吗？"我说："好看，好看。"其实，我早就不想再待在这里了，我的心早就飞向了游乐城，那里才是我们小朋友们的最爱。我看到那大包小包的东西，禁不住说道："Oh, my god！"

回到家里，妈妈穿上了新衣服，涂上了化妆品。当妈妈从房间里出来时，我大声喊道："大美女哎！"

得靓丽时尚。"没想到，妈妈竟然爽快答应了。接着，我们又去了卖衣服的地方，那里衣服真是亮丽啊，五颜六色的，看得我眼花缭乱，真不知道如何挑选。姐姐却能从中挑选出最适合妈妈气质的衣服。妈妈最后还征求我的意见呢。她说："熙颜，你觉得好看吗？"我脱口就说："好看，好看。"心想，妈妈穿上花衣服，确实很漂亮，特别是穿上粉红色的休闲装，真跟大明星似的。

回到家里，妈妈迫不及待穿上新衣服，涂上化妆品，从房间出来时仿佛完全变了一个人。我不禁大声喊道："大美女哎！"妈妈听了我的赞美，乐得合不拢嘴。家里荡漾着我们幸福的笑声。

可敬的妈妈们：时尚不是年轻人的专利。哪个妈妈不是从时尚年龄走过来的呢？只是拖家带口之后，抚育孩子的责任让妈妈有时顾不上赶潮流和撵时尚而已。妈

妈妈穿上花衣
服，确实很漂亮，
特别是穿上粉红色
的休闲装，真跟大
明星似的。

妈不论多忙，都不要忘记本来就属于自己的时尚哦。作为孩子成长伴随者，时尚的妈妈可以给孩子带来青春和力量。这篇作文既让我们看到父母与孩子之间的代沟，又让我们感受到妈妈保持必要时尚度的重要性。

这篇描写妈妈爱时尚的初衷是好的，总体上能够做到主题鲜明、层次分明，缺点是没有从女儿视角写出对妈妈爱时尚的理解和支持，也没有写出妈妈爱时尚背后的美好追求，还流露出帮妈妈提东西的不耐烦，在一定程度上削弱与分散了主题。其次是平铺直叙，有点像记流水账，虽然把妈妈买化妆品及买衣服的过程都提到了，但是没有抓住这两个重点进一步细化丰满，缺少细节衬托，使得买东西过程单薄、不生动，仿佛为了买东西而买东西；缺乏商店场景描绘、营造热闹的环境、烘托妈妈们的整体时尚氛围。

修改稿主要调整如下：

一是丰富细节。重点在第二段、第三段分别围绕选购化妆品和服装过程中的所见所做所想，多侧面丰富购买过程，充分表现妈妈购买时尚用品的兴奋心情。这种描写方法就是突出重点，集中笔墨，增加分量，丰富内容，体现主题。

二是去除芜杂。主要是拿掉原稿中与妈妈采购时尚用品关系不紧甚至削弱分散主题的内容，减少不必要枝蔓，让主题更加鲜明、内容更加集中。比如说自己早就不想再待在这里了，心早就飞向了游乐城，那里才是小朋友们的最爱。这显然在分散且削弱主题，说明自己对妈妈爱时尚漠不关心、心不在焉，缺少女儿应有的体恤和贴心，对烘托主题没有帮助，那就必须毫不客气地去除。又如看到那大包小包的东西，禁不住说道："Oh, my god！"这句话表现了作者帮助妈妈拎东西的不耐烦，同样在削弱文章主题，因此也要去掉。出现这种情况，主要是写作文时缺少中心意识，选材存在想说什么就写什么的倾向。素材及内容应紧紧围绕主题、全力服务主题，不能游离于主题之外，更不能与主题唱对台戏。

三是丰富心理。这篇作文是以女儿视角写的，因此除要写所见所闻外，还应增加见到妈妈购买时尚用品的所感，通过心理描写烘托、渲染妈妈爱时尚的成效，做到虚实结合、虚中有实、实中有虚。例如，"怪不得妈妈都管姐姐叫时尚小精灵呢！"是说姐姐对时尚知识的广泛掌握。例如，在妈妈征求作者的意见后，作者除表示好看外，还增加了心理活动："心想，妈妈穿上花衣服，确实很漂亮，特别是穿上粉红色的休闲装，真跟大明星似的。"这句话在整个文章中很重要，实际上就是说妈妈的采购活动取得预期成效。如果没有这句话，只说"好看好看"，就显得单薄与虚弱，缺乏具体实在的点化之功。一些孩子作文常会写到"好美丽""好好玩""很好吃"，仅仅停留于"好"的"门槛"，就是没有顺势"进门"阐述美在哪里、好玩在哪里、好吃在哪里。如果能灵活运用概括和具体相结合的语言表达思维方式，孩子的作文就更有读头了。

四是充实结尾。作文有凤头猪肚豹尾之说。凤头表示文章开头精彩动人、引人入胜。猪肚表示文章中间内容丰满、言之有物。豹尾表示文章表现有力、雄劲潇洒。修改稿实际上已经生动展示凤头猪肚豹尾的特征。针对原稿结尾单薄乏力的不足，修改稿力求让结尾生动有力，与前文形成紧密的融合呼应。例如，用"迫不及待"生动表现了妈妈急欲享受时尚用品的热切心情；用"从房间出来时仿佛完全变了一个人"，形象表达了妈妈换上时尚服饰之后的出彩效果，从正面助力妈妈爱时尚主题。增加"妈妈听了我的赞美，乐得合不拢嘴。家里荡漾着我们幸福的笑声"，意在升华欢乐祥和的幸福家庭主题，为妈妈"时尚之旅"画上圆满句号。修改稿虽然增加内容不多，但是从不同侧面充盈了结尾，注入了感染力，当然比原稿单纯的"大美女哎！"好得多了。

写到这里，笔者不禁想到，生活处处皆文章，留心时哪里都有好素材。希望各位妈妈在日常有意识培养孩子的观察习惯、总结意识和表达能力，善于从家里事、身边事、眼前事、邻里事、心里事等中寻找写作的灵感、素材，主动做好与学校课堂语文教学的融会衔接，坚持从小事写起，把小事写好，把小事写美，在日积月累、潜移默化中不断提升写作水平。

我给妈妈洗脚

（原稿）

今天是三八妇女节，我为妈妈准备了非常特殊的礼物。

晚上，妈妈很晚才到家。我对妈妈说："妈妈，您快坐在沙发上。"妈妈好奇地问："为什么要我坐在沙发上呢？我想睡觉了，累死啦。"我说："不忙不忙。"说完，我就到卫生间端来一盆热水放在妈妈的面前。妈妈惊讶地说："今天怎么啦？"我说："今天是三八妇女节啊。"我先把妈

我给妈妈洗脚

（修改稿）

今天是"三八"妇女节，我为妈妈准备了特殊的礼物。

晚上，妈妈很晚才到家。我对妈妈说："妈妈，请您坐在沙发上。"妈妈好奇地问："为什么要我坐在沙发上呢？我想睡觉了，累死啦。"我说："不忙不忙。"我到卫生间端来一盆热水放在妈妈面前。妈妈惊讶地说："今天怎么啦？"我说："今天是'三八'妇女节，给您送个洗脚礼物，祝妈妈节日快乐！"妈妈一听，高兴地说："这个礼物有创意，好，现在享受宝贝女儿的服务。"说完，妈妈就坐在了沙发上。我帮妈妈脱下鞋袜，先让妈妈的脚在温水里泡了五分钟，然后用双手把妈妈的脚底搓一搓，再把妈妈的脚背揉一揉，还把妈妈的小腿捏一捏。妈妈似乎很享受我的服务，惬意

妈的脚背搓一搓，然后又用手把脚心搓一搓。我想，平常我只要一搓妈妈的脚心她就哈哈大笑，可是今天她感觉特别惬意。

妈妈说："我今年的节日，真是收获不小啊！你昨天送给我的花，就是送给妈妈的爱。今天，你帮妈妈洗脚，又给妈妈一个爱。我怎么能不为有这样的女儿高兴呢？"说完，妈妈在我的额头上吻了一下，又把深深的爱流进我的心堂。

地闭着眼睛倚在沙发上。我心想，妈妈经常加班，很辛苦了，下班回来又不辞劳苦操持家务，真没少受累啊！想想自己还时不时淘气一下，惹妈妈生气，今后要懂事，管好自己，少让妈妈操心。我希望各位小伙伴也要多帮妈妈洗洗脚、做做家务，多和妈妈谈谈心，这样做，妈妈一定会开心的。时间很快，妈妈说差不多了。我拿过毛巾帮妈妈擦脚，看到妈妈脸上露出幸福的笑容，心里也暖暖的。

妈妈说："我今年的节日，真是收获不小啊！你昨天送给我的花，就是一份好礼物。今天，你帮妈妈洗脚，又给妈妈一个特别惊喜。小乖很懂事，又长大了，妈妈为你感到高兴！"

说完，妈妈在我的额头上吻了一下，又让深深的爱意流进我的心堂。

我希望更多小伙伴也要多帮妈妈洗洗脚、做做家务，多和妈妈谈谈心，这样做，妈妈一定会开心的。

可敬的妈妈们： 大家在"三八"妇女节都享受过孩子送礼物的欣喜吧。小学阶段，老师还会布置孩子给妈妈洗脚的劳动任务。此时，各位妈妈要抓住这一交流的机会，给孩子上一堂学会体谅、感恩父母的家庭生活课。

原稿洋溢着浓浓的家庭温情，从女儿为妈妈买花、洗脚举动中可以感受到小作者是个非常贴心的"小棉袄"。妈妈也是一个善于传递爱意的妈妈，孩子洗完脚不忘给孩子一个"吻"的回报，没有比这一"吻"更让孩子幸福美好的了。全篇充满欢快轻松的母女情深氛围。低年级学生能够写出这样的文字，说明平时善于观察，语言表达能力也较强。

不足之处在于缺少内心活动以及细节描写，如果能把自己为妈妈洗脚时所见所感再做细腻刻画，通过为妈妈洗脚体现自己成长、懂事和体谅父母，就会增色很多，也会更有感染力。

修改稿着重丰富洗脚细节以及心理感受，主要有两大变化：一是增加洗脚细节。修改稿说"先让妈妈的脚在温水里泡了五分钟，然后用双手把妈妈的脚底搓一搓，再把妈妈的脚背揉一揉，还把妈妈的小腿捏一捏。妈妈似乎很享受我的服务，惬意地闭着眼睛倚在沙发上"，这个细节符合为妈妈泡脚的生活情景，比较传神描绘了自己为妈妈洗脚的贴心举动。二是心理活动真实生动。修改稿加了心理活动，"妈妈经常加班，很辛苦了，下班回来又不辞劳苦操持家务，真没少受累啊"，过渡自然贴切，符合正常情理；再运用对比手法，写"想想自己还时不时淘气一下"，说明通过给妈妈洗脚认识到以前的不懂事，从而暗下决心要求自己"今后要懂事，管好自己，少让妈妈操心"。这就让为妈妈洗脚这件事不仅仅停留在洗脚开心的浅显层次，而是通过洗脚时母女接触交流产生情感升华，受到生活教育，使得这次洗脚活动更有意义。

通过洗脚活动把教育意义凸显出来，才是家校合力教育目的和重点所在。孩子在这一活动中反观自己为父母服务付出的辛劳，从而体谅父母一年 365 天为孩子、为家庭、为工作所付出的艰辛。

值得大家关注的还有"我希望各位小伙伴也要多帮妈妈洗洗脚、做做家务，多和妈妈谈谈心，这样做，妈妈一定会开心的"，这句话在自己懂事和体谅妈妈的基础上进一步拓展到更多孩子，希望更多孩子学会体谅和关心妈妈，就展示了作者更大的胸怀、情怀和境界，也让这次给妈妈洗脚的思想感悟从自己小家庭升华为社会大家庭，让更多孩子读完这篇文章会获得丰富的启迪和感悟。

各位妈妈要不断培养孩子高尚、博大的思想境界，培养孩子积极向上向善向美的美好情怀，作文思想境界也就自然而然变得开阔，美好情感也会自然而然浸透在字里行间，生活中也会自觉学会剥离琐碎、低俗、无聊的东西。

原稿与修改稿结尾都表达了妈妈高兴的心情，原稿写妈妈因为女儿送花和洗脚而高兴，修改稿写妈妈因为女儿长大和懂事而高兴。显然，修改稿的境界和内涵要比原稿丰富和深刻得多。由此可见，妈妈指导孩子作文不但要注重生活细节本身的生动描绘，而且要善于透过细节表面看到隐藏在深层次的内涵，善于紧密结合细节生动恰当提炼升华，努力写出自己所要表达的真情实感，让立意更高更远，充分传达自己的写作意图。

这篇作文还可围绕主题增加我和妈妈以前的矛盾冲突、情感碰撞、家庭生活、社会责任、引入其他家庭成员活动等内容，从不同侧面进一步丰富和拓展作文内涵，以适应不同年级阶段写作要求。

我的爸爸

（原稿）

爸爸又要出差一个星期。这可是两个月来的第三次出差了。让我不禁想起以前的爸爸。

一次，我兴高采烈地打电话给我的爸爸："爸爸，晚上能不能早点儿回家陪我玩玩？"爸爸说："不能噢，晚上加班，可能很晚才能回家。"

我扫兴地挂了电话，独自一个人去玩。

我的爸爸

（修改稿）

爸爸又要出差一个星期。这可是两个月以来第三次出差了。唉！爸爸真是大忙人。

说起爸爸，他忙碌的身影已深深地印在我的记忆中。

一次，我兴高采烈地打电话给他："爸爸，晚上能不能早点儿回家陪我玩玩？"他说："不能噢，晚上加班，可能很晚才能回家。今天工作十分重要，不能马虎。""工作十分重要，不能马虎"是爸爸常挂在嘴边的一句话。他常常教导我，学习要认真，办事要认真。也许，爸爸的工作性质决定了他的一丝不苟。

我扫兴地挂了电话，独自一个人去玩。我想，爸爸怎么老加班啊，常常晚上八九点才回家，甚至是一夜不归，第二天还得正常上班。隔壁张虎爸爸常常陪他玩，捉迷藏，放风筝，看月亮……我好羡慕他们！

我想，爸爸怎么老加班啊，常常是晚上八九点才回家。

一回来就说累，眼睛半睁半闭的，躺在床上，就睡着了，也没时间陪我。

妈妈也常常抱怨说爸爸是个工作狂。就连爸爸的同事都说，他工作认真负责，把事情交给他，总是一百个放心。

我和小朋友们一直玩到天黑才独自回家。只听叮铃一声，是爸爸回来了，我急忙去开门。爸爸进门就说："爸爸有点累，快把爸爸的包拿去。"脱掉鞋子就上床呼呼大睡了。

妈妈也常常抱怨说爸爸是个工作狂，一干起工作就不分白天黑夜。这不，又开始数落了。"忙！忙！整天忙！家和孩子不顾了，难道连自己身体也不珍惜了？"我们看着爸爸疲惫的样子，又好笑又心疼。

爸爸这样玩命工作，就连他的同事老张都说，他工作认真负责，总是加班加点完成任务，是单位担子最重、事务最多的人之一，把事情交给他，总是一百个放心。大家总是以爸爸为榜样做好工作。

我真的希望爸爸能懂得劳逸结合、一张一弛啊！

大家总是以爸爸为榜样做好工作。我真的希望爸爸能懂得劳逸结合、一张一弛啊！

可敬的妈妈们：爸爸妈妈是孩子最亲的人，也是孩子最熟悉的人，当然也是孩子最贴心的人。以父母为对象写记叙文是孩子常见的作文题目。越是熟悉的素材越容易写，越是熟悉的素材也越不容易写出色。容易写是落笔有话说。不容易写是找到合适切入点写得生动感人、写出特点，并非简单一挥而就。小作者写爸爸的忙碌，通过爸爸不能陪自己玩、回家疲惫休息和妈妈的抱怨三个简单场景，基本把爸爸的忙碌写出来了，不足之处是内容单薄、单调和缺少情感。单薄，缘于文中只提到爸爸、妈妈和我三个人，每个人的叙事都点到为止，不丰满，当然也就不生动。单调，缘于每件事情干巴巴几句，缺少细节描写，使得文字始终停留在表面机械叙事，难以深入生活和人物，没有对照衬托，显示不出爸爸的立体形象。缺少情感，指小作者作为爸爸的孩子，对爸爸的忙碌及辛苦应当报以理解、关心，并能从爸爸的忙碌中感悟爸爸的责任担当、一心为公的风格，以及对于自己的影响。这样就可以让文章更加感人。

针对这些不足，修改稿重点在主题强化、细节描写、侧面描写、对比描写、自我感受等方面加工，比较丰满立体叙述了爸爸的忙碌，让人读后能够真切感受到爸爸的忙碌以及隐藏于后的价值追求和奉献精神。

在主题强化方面，修改稿开头在说爸爸两个月以来第三次出差后直接点题："唉！爸爸真是大忙人。"这让人一下子知道本文重点写爸爸的忙碌，比原稿"让我不禁想起以前的爸爸"更加鲜明而集中。作文开头力求表明主题，亮出观点，便于围绕主题收集素材、组织语言和把握重点，利于读者理解、接受主题和产生共鸣。这种开头表明主题、亮出观点的表述方式，对于记叙文、说明文和议论文等文种同样适用。

在细节描写方面，修改稿抓住爸爸回来就说有点累、脱掉鞋子就上床呼呼大睡这个细节，生动反映了爸爸下班回家的疲惫情景，也让读者清晰感受爸爸的忙和累。细节描写是记叙文生动感人的基础，运用可见可听可感的形象描写、动作刻画和过程叙述，更加突出人、事、物、环境以及心理活动的细腻度。细节描写紧紧围绕主题选取角度、把握侧重点、组织文字和拿捏尺度口径，避免离开主题随意描写细节，防止越细描越偏离主题。例如，修改稿围绕忙碌描写细节，通过"脱掉鞋子就上床呼呼大睡了"生动反映了爸爸的累，为什么这么累？原来是工作忙碌、任务繁重的缘故。如果集中笔墨写爸爸回来如何神采飞扬、谈笑风生、品尝美食或跑步锻炼等方面细节，无论写得多么出彩，也会因为与忙累关系不紧而逊色不少。

在侧面描写方面，原稿从妈妈和爸爸的同事角度侧面说明爸爸的忙碌，只是说"妈妈也常常抱怨说爸爸是个工作狂。就连爸爸的同事都说，他工作认真负责，把事情交给他，总是一百个放心"，都是点到为止，未做进一步细化，显得语焉不详、缺乏力度，和前面几篇写人作文存在共同的毛病。无论从正面阐述，还是侧面描绘，仅有"面"上的概括还不行，还需要在具体的"点"上进一步描述，力求人物形象更加生动。修改稿则进一步细化，增加了妈妈的数落内容，从侧面描写妈妈的抱怨与心疼中显示爸爸在她心目中的忙碌；丰富了爸爸同事对他的评价内容，说明他在单位的地位和工作成效，更容易让人近距离感受他的忙。侧面描写主要是换一个视角表达叙述内容，从不同层面、不同角度以及不同人的感受，多向立体叙述，增加叙事对象的立体性和丰富性。侧面描写非常成功的是长篇小说《亮剑》，为了立体展示主人公八路军独立团团长李云龙的艺术形象，分别从八路军总部首长、搭档团政委赵刚、新一团团长丁伟、国民党晋绥军三五八团团长楚云飞、日军特工队长三本等不同人的视角描绘李云龙的性格特征，使其艺术形象立体生动、真实感人，成为当代军事文学中的经典艺术形象。各位妈妈可以带孩子深入阅读小说《亮剑》，仔细品味侧面描写的独特魅力。

在对比描写方面，修改稿为突出爸爸的忙碌，特地写了隔壁张虎爸爸能陪孩子玩的闲适，进一步凸显爸爸的忙碌，委婉流露出对爸爸的不理解以及对爸爸多陪自己的渴望。没有对比，就没有差别；有了对比，就更容易显出差异，也会使人更加印象深刻。在对比描写中，常见者为正反对比，就是将两种性质相反的事情摆在一起对比，以一方的"短"或"丑"衬托另一方的"长"或"美"，人为制造审美反差。

在自我感受方面，原稿总体停留于平铺直叙，缺少作者对爸爸的理解和关心，缺少孩子与父母之间的亲情，文字显得干巴巴的。修改稿增加自己对爸爸工作忙碌的体谅、关心和敬佩，特别是结尾的"我真的希望爸爸能懂得劳逸结合、一张一弛啊！"就自然而然真情流露出对爸爸的关爱和美好建议，既让人感受到作者在写自己的爸爸，又主动体现了对爸爸的关心，也写出了作者的懂事。作者真正把自己摆进文中，自己的感情与文字融为一体。这就比原稿更富有亲情。孩子写作文要积极将自己摆进去，让自己与笔底的人物同甘共苦、休戚相关，就容易写出感人的文字。相反，如果作者站得远远的，隔岸观火、不痛不痒，为描写而描写，就会让自己浮于文字之上，主题不深入，情感不动人。

这篇修改稿还可以进一步增加爸爸忙碌的细节描写，写出内容更为丰富的新文章。例如，从时间线角度考虑写写爸爸一年四季忙碌的状态，从侧面描写角度再增加爷爷奶奶、亲朋好友、爸爸服务对象、爸爸的领导等众多人的视角描写；从事情本身可以写写爸爸在不同事务中忙碌的情景；从爸爸自己角度可以说说对自己忙碌的思想认识、酸甜苦辣和境界情怀；从工作成效角度可以写写爸爸获得的荣誉及好评，以此写出爸爸的忙碌所取得的丰硕成果；从作者角度可以写写对于爸爸忙碌的思想认识的变化、自己对责任的认识，以及将来立足岗位建设祖国的美好向往，等等。随着年级递增，作文写作要求不断提高，其本质上并无不同，只是在视野更广、感受更深、刻画更细和境界更高等方面呈现台阶式上升。孩子要善于在现有基础上不断深化拓展，根据不同阶段的写作要求，做出相应调整优化，就会比较容易写好作文。

爸爸说谎了

从我记事起，爸爸就教育我要做一个诚实的孩子，要做一个正直的人。然而，我发现爸爸有几次就说谎了。

小时候，我非常喜欢画画。但是我的画画出来时，其他小朋友都说我画得人不像人，鬼不像鬼的。我伤心极了。可是只有爸爸一个人能看懂我的画，他不断鼓励我。

有一次，我画了一只青蛙，拿给隔壁小朋友看。他说我画的是个怪物。我非常伤心。爸爸看后，十分欣赏地说："不错啊，色彩调配多好啊，而且是一只体质强壮的青蛙。"我说："真的吗？""当然真的了，爸爸哪能骗你？"我将这幅画珍藏起来。后来，我又拿出来欣赏它，心想爸爸真是个大骗子。这只青蛙少了一只腿，怎么能说这是一只体质强壮的青蛙呢？我很是不解，又去问妈妈。妈妈说："这是画画的技法，另一只腿藏而不露啊，画面感特别强烈。"我还是不太明白。妈妈说，等我长大了，我就会理解的。

在我的艺术道路上，爸爸不断对我撒谎，在我的日常生活中也是这样。一次，我自告奋勇做鸡蛋饼给爸爸妈妈吃。可是，连续两张都烤煳了。唉，我这个胡氏苦饼完蛋了，我真想扔掉它。但又想起老师教育我们"谁知盘中餐，粒粒皆辛苦"，我勉强把它们端上桌子。爸爸拿起饼，津津有味地吃起来，还不断夸奖说好吃好吃。我真不知道爸爸怎么会吃得那样有味。以后，我不仅大胆做鸡蛋饼，还敢做米饭，炒菜。我一想到爸爸狼吞虎咽的样子，就感觉特别可爱。

现在我才明白，爸爸的谎言是一种精神上的激励，是一种慈父的爱护，给我前进的信心和智慧的启迪。爸爸，我永远爱你！

可敬的妈妈们：这篇作文很好，就不按惯例修改了。好在哪里呢？

好在主题先抑后扬。标题说爸爸说谎了，通过爸爸对我画画和做饭两件事上的说谎，表面上看处处都是谎言，但是透过谎言可以清晰展示爸爸对我不动声色的激励、爱护。等到作者长大后明白爸爸说谎背后的良苦用心，就水到渠成产生对爸爸的敬爱之情。从主题构思看，这篇作文从头到尾营造了内在矛盾，通过情节递进和时间推移，让爸爸的说谎和我的情感实现交融升华。这种笔法比较容易学习借鉴，运用得当的话可以产生平铺直叙难以达到的效果。

好在矛盾处理层次分明。全文共有五段，第一段制造矛盾，爸爸教育我做诚实的孩子，自己却撒谎。第二段讲小朋友们和爸爸对自己画作不同的评价，又一次制造矛盾。第三段是主体，具体讲爸爸对我作品的评价内

我画了一只青蛙。爸爸十分欣赏地说："不错啊，色彩调配多好啊，而且是一只体质强壮的青蛙。"

容以及妈妈的独到解读，证明爸爸没有撒谎，属于解决矛盾。第四段讲爸爸对我厨艺的"厚爱"，虽然明明知道我做得不好，但是还能不动声色、津津有味、狼吞虎咽，给我慰勉，鼓励我厨艺不断进步，又属于解决矛盾。最后一段讲作者长大后真正理解了爸爸说谎的良苦用心，点明作文主题，属于升华主题。

好在语言生动流畅。作者写爸爸或抑或扬、或说或做、或虚或实，行文跌宕起伏，情节收放自如，语言生动清新，全文清清爽爽、不蔓不枝，主线明晰有致，可以娴熟运用语言表达生活感悟，表现了较高的文字驾驭能力。

我的老师

（原稿）

在我认识的老师中，一年级的王老师是我印象最深的老师了。

王老师普通得再也不能普通了，只有一头乌黑的头发还能引人注目。虽然她的外貌并不出众，可是她的教育方法却令我深深难忘。

记得一年级的时候，快临近考试，别的班级都拼命地写作业，只有我们班的作业和往常一样的量。我们都好奇地问王老师为什么我们班的课上得不紧，做作业也不多呢？王老师和蔼可亲地说："老师这样做是相信你们呀！

我的老师

（修改稿）

在我认识的老师中，一年级的王老师是我印象最深的老师。她普通得不能再普通了，只有一头乌黑的头发引人注目。虽然外貌并不出众，可是教育方法令我深深难忘。

王老师是一位可亲的老师。记得一年级时，有一次快临近考试，别的班级老师都在拼命布置作业，只有我们班作业保持和往常一样的量。我们叽叽喳喳地围在王老师周围，好奇地问她，为什么我们班课上得不紧，作业量也不多呢？王老师和蔼可亲地说："老师这样做是相信你们呀！我想，你们平时已经很努力，考试就不给你们施加压力了，肯定没问题，老师相信你们！"她的声音很坚定，很有感染力。我们

我想，你们平时已经努力了，考试就不给你们施加压力，肯定没问题，老师相信你们。"从此以后，我就明白：人与人之间信任是最重要的，有了信任，一定能相处得更好。

还有一次，我的鞋带松了，我又不会系，只好乖乖地坐在座位上，不敢多走一步。王老师看见了，上前来，慢慢蹲下，对我说："老师帮你系吧，一定要看清哦！"我害羞地回答"呃"。老师慢慢示范给我看，几遍后，我主动要求自己系一系。啊！按照老师的方法真的就系好了，一个漂亮的蝴蝶结在我脚上微笑

就像一群欢跃的小鸟，高兴地拍着手。有几个调皮的小男孩，还高兴地转了几个圈。果然不出老师所料，我们班级同学那次考试发挥正常，成绩非常优秀，得到其他班级老师和同学的好评。从此以后，我就明白：老师对学生的信任十分重要，有了信任，学生会倍加努力的；同样，人与人之间信任也是最重要的，有了信任，一定能相处得更好。

王老师还是一位十分细心的老师。有一次，我的鞋带松了，又不会系，只好乖乖地坐在座位上，不敢多走一步。细心的王老师看见了，轻轻走到我跟前，慢慢蹲下，对我说："老师帮你系吧，一定要看清哦！"我害羞地回答"呃"。老师慢慢示范给我看。几遍后，我主动要求自己系一系，按照老师的方法真就系好了，一

我的鞋带松了。王老师轻轻走到我跟前，慢慢蹲下，对我说："老师帮你系吧，一定要看清哦！"

呢！每当我看到这个蝴蝶结，就会想起王老师对我的关爱。

这两件事后，王老师在我心中地位越来越高，我也越来越喜欢她。我至今也不会忘记王老师对我的教诲之恩。

个漂亮的蝴蝶结在我脚上微笑呢！每当我看到这个蝴蝶结，就会想起王老师对我的关爱。

这两件事后，王老师在我心中的地位越来越高，我也越来越喜欢她。我至今也不会忘记王老师对我的教诲之恩。

可敬的妈妈们：老师是孩子成长道路上的教育者、伴随者、同行者、见证者。每位妈妈都希望自己的孩子能够遇到好老师。什么是好老师呢？笔者认为，能够关心孩子的是好老师，能够因材施教的是好老师，能够有意培养孩子健全人格和健康习惯的是好老师，能够给孩子带来良好影响的是好老师。笔者希望大家积极支持老师工作，教育孩子尊敬老师，努力跟随老师学习科学文化知识和做人做事之道。

原稿就是孩子描写自己老师的，主题鲜明，层次分明，段意集中，文辞通顺，善于抓住小事以小见大写出王老师富有个性的教学风格，以及对我的关心爱护。本文有几个特点：

首先，段落框架非常清晰。全文五段采用总分总结构，第一段、第二段开宗明义总写王老师，第三段通过写王老师考前不增加作业量来表现她对同学们的信任，第四段通过写王老师帮助我系鞋带来表现她对学生的关心爱护，第五段再综述自己对王老师的总体印象。不论写什么内容，都可以在开头总写自己对于所述人事物的印象、态度或判断；然后根据主题选择几个方面内容分别表达，到底选择几个方面，可以根据写作篇幅要求而定；最后针对文章各段内容写总结式观点。这种写法比较容易掌握，也易于谋篇布局。

其次，叙事笔法比较成熟。本文内容不长，主体内容也不多，但是能够做到有对比、有对话、有感受、有心得，善于通过灵活的表达方式把事情说清楚，体现出较好的文字表达能力。这对大家有什么启发呢？就是说一件事情，善于选取不同角度、不同句式以及不同层面，注意保持思路清清爽爽，语言流畅明快，内容明明白白。

不足之处在于有头无尾，第三段讲了老师考前因为相信同学们而未增加作业量，那么大家考试成绩怎么样呢？是不是发挥正常取得好成绩，还是由于老师未增加作业量而受到影响呢？这个应当交代清楚，不然会让人产生疑问。原稿部分文字表述还需要进一步精练、生动，开头两段也可以合并为一段，以求段意更加集中。

鉴于原稿比较成熟，修改稿未做大动，只做微调。

首先，合并一二段。合并后，首段内容就显得集中有力，原来两段文字在合并后也做相应调整。第二段主语王老师承前改为"她"。

其次，补全语意。第二段增加考试结果"果然不出老师所料，我们班级同学那次考试发挥正常，成绩非常优秀，得到其他班级老师和同学的好评"，就是对前面王老师考前不增加作业量的回应，说明王老师富有自信的教育方法，也省却读者的疑问。第二段结尾"我就明白"处，增加从师生教学角度的信任感想，也让叙议结合更加融合无间。

最后，为两段记事开头分别加了中心句。"王老师是一位可亲的老师""王老师还是一位十分细心的老师"使文章内容、人物特点更加鲜明凸显、一目了然。这种提炼段落中心句的能力在各种文体中都是孩子必备的基本技能，尤其是走上工作岗位后更要具备这种提纲挈领的总结本领。具备这种能力之后，大家不论写工作汇报，还是起草文件，都容易做到主题鲜明、语意清晰。

原稿叙述两件事分别用"记得一年级的时候""还有一次"。这是孩子惯用的段落叙事开头方法，既缺乏段落结构的鲜明美感，又缺乏人物形象的典型特征。修改稿提炼中心句的并列式结构是常见的结构方式。《我的自画像》《我的优点》《做下蹲》等都是运用并列式。胡适《我的母亲》也是较为经典的并列式结构。各位妈妈可以找来和孩子一起阅读。另外还有转折式、递进式等结构方式。大家要学会灵活运用。《我的妈妈》就是运用递进式结构。妈妈不仅人美，而且心地善良，自然而然地递进转换。后面"记事篇"中大多文章也有结构概括转换语句，请大家仔细体会。大家可能发现，文章结构原来也有如此缤纷多姿的魅力哦。

　　修改稿还减去原稿多处"了""的"，以求语言更加精练清爽。需要说明的是，"已经"作为副词，表示时间已过或动作、状况、事情在某时间之前完成。"了"常用于动词或形容词后表示完成，也有了结、结束的意思。在表示完成的语义方面，"已经"和"了"属于同意字词，一般情况下使用一个就可以了，两个都用显得语义重复。例如，原稿"你们平时已经努力了"，就可以拿掉其中一个，语义都说得通。为表示强调，修改稿在此还加了"很"字。

记事篇

做下蹲

（原稿）

星期二下午，体育课时，我们做下蹲，每人做80个。预备，开始。哦，太简单了，幸亏不是做立定跳远。可是，我正做到70个，唉，就有点儿站不住了，好不容易才做到76个。"还差4个了，"我说，"一、二、三、四。"哇瑟！我终于做完了。紧接着，是男生做了。我看见徐超做的第一个到第五个就犯规了。因为，他用手撑着腿了。咦，我的腿怎么发软啦，哎哟！我一屁股坐到了地上，可真痛啊！以后，做下蹲又成了我最讨厌的体育运动之一。

做下蹲

（第二稿）

星期二下午，体育课上，我们学习做下蹲动作。老师要求每人做到80个，才能顺利过关。

老师一声令下："预备，开始。"女同学争先恐后，个个都卖力练习。我一边做，一边想："哦，太简单了，幸亏不是做立定跳远。"可是，我做到70个的时候，唉，就有点儿站不住了，好不容易才做到76个。"还差4个了。"我说，"一、二、三、四。"哇瑟！我终于做完了。

紧接着，轮到男生做了。男生们个个也不甘示弱，你追我赶。我看见徐超做到第五个就犯规，他用手撑着腿了。咦，我的腿怎么发软啦，哎哟！我一屁股坐到了地上，可真痛啊！以后，做下蹲又成了我最讨厌的体育运动之一了。

做下蹲

（第三稿）

星期二下午体育课，我们学习做下蹲动作。老师要求每人做到 80 个，才能顺利过关。对于生龙活虎的我们来说，这难道还不是"小儿科"？

老师一声令下："预备，开始！"女生们争先恐后，个个卖力练习。我一边做，一边想："哦，太简单了，幸亏不是立定跳远。"可是，我做到 70 个的时候，唉，就有点儿支撑不住了，好不容易才做到 76 个。"还差 4 个。"我给自己鼓劲说，"一、二、三、四！"我终于做完了。不过，我感觉还有一点点能量，"五！六！七！八！九！"哇噻！85 个，真是不可思议！咦？我的腿怎么发酸变软啦，哎哟！我一屁股坐到了地上，可真痛啊！惹得同学们哈哈大笑。还有几个女生做到 50 多个，两腿就不听使唤了，累得呼哧呼哧大喘粗气，满脸是汗，但是最后也都咬牙完成了任务。看来，我这小身板还是真金不怕火炼的。

紧接着，轮到男生上场。男生们个个也不甘示弱，你起我伏，涨红了脸，满头是汗，干劲十足，比女生强多了。不过，徐超做到第五个就开始犯规了，用手撑着腿才能站起来。这也难为他了。他是我们班的超级男生，体重过百。别说手抱头下蹲这样高难度的动作，就是简

徐超咬紧牙关坚持了下来……
我真的佩服他坚持不懈的精神和积
极乐观的心态。

单落座都要扶着东西。我们几个女生过去给他加油鼓劲。他最终咬紧牙关坚持了下来。只见他汗流满面，微笑着为自己竖起了大拇指。我真的佩服他坚持不懈的精神和积极乐观的心态。老师最后也对大家的精彩表现竖起了大拇指。

下蹲真是锻炼人意志的活动。我从中深刻体会到"痛并快乐"的真谛，今后要继续培养自己热爱体育的习惯，积极参加各种运动，把身体炼得棒棒的，能够承担更重的任务。

可敬的妈妈们： 体育运动是孩子茁壮成长、健康发育、锻炼意志、培养品格的重要措施。每位妈妈都希望自己的孩子身体健康、精神饱满、意志坚强、性格开朗，那么，就请大家从培育孩子热爱体育运动、参加体育运动开始吧，从小就带着孩子参加跑步、打球、跳绳、游泳等体育运动，慢慢培养孩子对运动的兴趣，帮助孩子从运动中发现快乐，通过运动促进孩子健康成长。

这篇作文写孩子在体育课上练习下蹲的情景，前后写了三稿，每稿都有进步，也很有代表性，对于很多写作文的孩子有着直接的借鉴价值。

先看原稿。原稿用一个整段写了自己和同学徐超在体育课上练习下蹲的情景，比较生动地写出了下蹲运动过程中的坚持过程、心理活动，但是显得就事写事，意犹未尽，就像吃饭，只吃了半饱，又没有语言节奏感，读来不上口。具体来说，有以下几个不足：

一是有点无面。全文基本完整叙述事情的经过，仅写自己和同学徐超两个人，缺少班级同学的陪衬，写得再生动也显得单薄，缺少必要的环境氛围。这也是孩子写作文经常遇到的问题，写什么就紧紧盯住对象写，忽略了写作对象所处的环境以及与此相关的内容，使得作文缺少较大的视野，缺少对比、衬托、烘托等立体感。

二是层次不明。原稿用一大段写了下蹲场景，虽然有头有尾，还能抓住自己和同学徐超来写下蹲过程，但是整体上让人感觉层次不明、段落不清，读起来费劲。这种情况下，可以根据写自己和男生徐超两人的情况，自然将女生和男生分为两个段落，就能一下子让文章层次分明起来。

三是选材较散。原稿选徐超和主角"我"的材料不和谐，不合拍，不能齐心协力为中心服务。遇到这样的材料，要果断割舍或重新提炼加工。不然，它会让文章迷失方向。

四是主题不正。读完原稿，笔者第一感受是不够迷人，总觉得别别扭扭缺失了什么。缺失什么呢？就是中心、主旨提炼不突出，缺乏正能量。作者最后说"做下蹲又成了我最讨厌的体育运动之一"，这样的语句可以随口说说，可以放在自己肚里嘀咕，还可以写在较为私密的日记里，作为自己真实心理的原始记录，但不可写在公开的作文里传递负面能量。曹丕说"盖文章，经国之大业，不朽之盛事"，强调说文章作用关系国家大事，是不朽之事。可见，文章意义如此之大。如果这样写，其他小朋友读后可能就产生对体育运动的畏惧、抵触、消极或远离心理。那么，这篇文章传递的就是负面能量，不是家长们愿意读到的，也不利于其他小朋友的健康成长。大家要自觉传递正能量哦。体育课虽苦，汗流得多，但小朋友们要有不怕苦、苦不怕、怕不苦的精神，积极勇敢参加体育运动，强壮自己的体格，磨炼坚强的意志，锻造坚韧的性格。修改稿可从"我"身上做文章，小作者总算坚持完成了任务。我们可以提炼"坚持就是胜利"的中心思想。如果觉得这过于俗套、不够新颖，我们还可以提炼痛并快乐着的乐观向上精神、超越自我追求卓越的进取精神、巾帼不让须眉的不服输精神、相互鼓励齐心协力完成任务的团队精神，等等。这些都可以作为本篇提炼的中心，作为结尾压轴之语。

第二稿在原稿基础上做了几个调整。一是分层次，把开头、女生和男生分开写，自然形成三段，比原稿清晰多了。二是增加班级其他学生的群体描写，尽管内容很少，但是总算让人看到这不是两个同学在练习下蹲。三是丰富心理活动，尽管很少，但总算起到了虚实相间的效果，让描写过程更真实，与第一稿相比，虽有很大进步，但是在主题提炼、选材和谐等问题上仍然不到位。

第三稿跟前两稿相比有了很大变化，从整体上扭转了主题导向，基本成为主题鲜明、内容充实、行文生动的作文了。我们看看有哪些新变化：

一是提高觉悟。在下蹲运动中，自己和同学们虽然面临疲累，但是都能咬紧牙关坚持到底，充满不怕累、不畏难、争上游的劲头。自己不但坚持到底，而且超额完成任务，还去给徐超同学加油鼓劲，体现了拼搏进取、团结互助的体育精神。最后的思想感悟，也就是作文主题，都是充满正能量和催人奋进的，彻底改变了原来自怨自艾的消极导向。由此可见，作文主题立意很重要。有什么样的主题立意，就会有什么样的语言风格和思想内涵。孩子写作文首先要确立积极向上的主题立意，才能写出充满激励、朝气活力的好文章。

二是完善框架。第三稿在第二稿基础上增加第四段，主要是下蹲运动过后的思想感悟，也就是文章的点睛之笔，升华作文主题。在第三段增加女生为徐超加油鼓劲的内容，从内容层面增加两个主干段落之间的穿插融合，不再女生是女生、男生是男生，体现了内涵层面的融通。

三是增加起伏。第三稿通过丰富心理活动、下蹲过程的描写增加文章起伏感。例如，从"我"的角度写刚开始认为下蹲简单而产生的"小儿科"轻视心理，到真正做起来发现有难度，差点支撑不住，最后不但坚持完成任务，而且还能超额完成任务，增添行文起伏感，增加文章生动性。写徐超也是这样，先是说明其因为体胖造成下蹲困难，但是在女生们的加油鼓劲下，也是坚持完成任务。作文有了起伏感，显得曲折有致，更具吸引力，就容易让读者产生共鸣。

四是选材更精。第三稿围绕中心积极选取体现主题立意、更好充分反映人物特点的素材，从不同侧面给中心主题有力支撑。比较典型的就是围绕徐超的选材。主动选取同学正面闪光点，能够和中心匹配。徐超虽有不合规范的小动作，是因为他有身体过胖的难处，但他有常人不可多得的优点，勇于坚持，就紧扣了中心。写徐超采用宕开一笔写法，解释他为什么要手撑腿做下蹲，为上下内容坚持做了鲜明对比。徐超小动作也不再是缺点，不再是犯规，而是更加表现了他的可爱与坚持，真有丑小鸭变成白天鹅的感觉。孩子要学会这种欲扬先抑的文法哦。材料用法不同，妙趣就各有千秋。

五是有点有面。第三稿除进一步丰富我和徐超两个主角的内容外，还增加男女同学做下蹲的集体群像以及老师对大家精彩表现的肯定，就让全文有点有面，点上丰富多彩，面上顾盼照应内容，不再显得单薄枯燥了。

其他还有很多细节修改，这里不多说了。请各位妈妈陪着孩子一起对照参阅比较，别忘了阅读结束后马上和孩子做一个下蹲竞赛哦。

周末大扫除

（原稿）

一到周末，妈妈这大扫除的"野心"谁也甭想拦住。可不是嘛！今天又要大扫除了，我也得跟着干喽。好在上午我还去学了一个小时的笛子，逃去了一小段打扫时间。

我的任务就是整理好自己的房间，也就是我的窝，外加阳台，也就是小猫球球的窝。

首先，当然是整理好柜子。每次小猫球球都会先跳到课桌旁的箱子

周末大扫除

（修改稿）

一到周末，妈妈这大扫除的"野心"谁也甭想拦住。妈妈平时上班累，难能花时间打扫家里卫生，总是在周末来一场声势浩大的整理行动。有时，爸爸和我都被卷入这场艰苦的劳动当中。可不是嘛！今天又要大扫除了，我也得跟着大干喽。好在上午我还去学了一个小时笛子，逃去了一小段打扫时间。

妈妈交给我的任务是整理好自己的房间，实际上就是我的窝，外加阳台，也就是小猫球球的窝。

自从来了小猫球球这个小伙伴，家里就不够宁静、不够整齐了。为这事，我常常被妈妈提着耳朵训斥。唉！自己种下的苦果自己吃吧，谁让自己是一个爱猫人士呢！

首先，当然是整理好柜子。

上，再跳上课桌，再跳到课桌旁的柜子上，把摆放的娃娃、干花弄得不可收拾。我先把娃娃们排列整齐，再将小狗小熊们安排位置，再将其他乱的东西摆放整齐，柜子就算整齐了。

接着，我就整理球球的窝。放在阳台上的葡萄树，里面的土被小猫刨来刨去，地上落了厚厚的一层土。我费尽许多心思才算打扫干净。还有被球球打翻的盆，也一一收拾整齐。

最后就是我的窝了。我的窝不比球球的干净整齐，

柜子是球球玩耍的第一乐园。每次小猫球球都会先跳到课桌旁的箱子上，接着跳上课桌，然后跳到课桌旁的柜子上，把柜子上摆放的娃娃、干花弄得不可收拾。我先把娃娃们排列整齐，然后给小狗小熊们安排位置，再将其他混乱的东西摆放整齐，柜子就算整齐了。

接着，我就整理球球的窝。阳台就是球球的窝了，也是球球的第二乐园。放在阳台上的葡萄树，是球球刨土和爬树的乐园。球球经常把土刨来刨去，像是探寻地下宝物似的，还经常跳到树上，嗅嗅树叶，闻闻树枝，还会吃上两口。地上经常落了一层厚厚的土和葡萄叶。这可要费尽心思了。我先把地擦扫得干干净净，然后把各种东西摆放归位，再将被球球打翻的盆一一收拾整齐。这盆算是球球的"铁饭碗"了。这"铁饭碗"经常要被妈妈扔掉，

一派狼藉。乱糟糟的被子、乱糟糟的书本、乱糟糟的玩具……经过我的一番设计处理，宽敞整齐的房间又再现了。唉！我和球球真是家里的两大"乱贼"啊！

再看看妈妈整理的地方，都非常干净整洁，就连空气都觉得是新鲜的。

干净整洁真好，我的心情也愉悦起来了。以后一定要做好家里的保洁工作，贵在平时哦。

因为我经常偷懒，不能按时收拾球球的窝。按时收拾球球的窝，是我和妈妈当初签下的君子协定。如今，我不能遵守协定，当然惹妈妈生气了。这足足花了将近半个小时。唉，为了我的球球，我要更加勤快；为了我的妈妈，我要更加整洁。

最后就是我的窝了。我的窝不比球球的干净整齐，一片狼藉。乱糟糟的被子、乱糟糟的书本、乱糟糟的玩具……经过我的一番设计处理，宽敞整齐的房间又再现了。唉！我和球球真是家里的两大"乱贼"啊！

再看妈妈整理的地方，都非常干净整洁，就连空气也是新鲜的。经过这一场扫除大战，我懂得家也需要经常护理，才能充满温馨；更加懂得是妈妈的辛劳付出，家里才洒满爱的阳光。

我的窝不比球球的干净
整齐。我和球球真是家里的
两大"乱贼"啊！

可敬的妈妈们：谈起家庭大扫除，每位妈妈都会有一肚子酸甜苦辣。在长年累月的大扫除中，不但有妈妈操持家务的辛苦劳累，而且还有妈妈培养孩子劳动习惯、关爱家庭、分担杂务的良苦用心，当然还有多姿多彩的亲人交流。从笔者家庭实践看，我们积极主动带头示范，平常也有意发动孩子参加大扫除，借此锻炼孩子的动手能力和自立自理意识。这些必要锻炼对于孩子长大后独立自理和更好融入社会，具有非常好的成效。

这篇作文就是孩子参加大扫除之后写出来的，也是孩子成长过程中的一个生活场景。这篇作文结构清晰，语言清新，风格活泼，情感寓含字里行间，处处可见勤劳、有趣和充满生机的家庭氛围。大扫除这样的活儿本身难干，要想把大扫除的事清清爽爽写好，也是一件比较难的事情。小作者却能在乱糟糟的事务中有条有理地叙述，用"首先""接着""最后""再看"四个具有层次的词语连接文章脉络，显得条理清晰，体现了较强的条理性，值得鼓励。原稿在思维逻辑、主题提炼、心理活动以及家庭人员关系等方面还需要进一步丰富打磨，改变目前这种就大扫除写大扫除的状态，可以融会更多细节、心理以及对家人的理解关爱，让作文体现更多的家庭亲情，更加生动感人。

修改稿主要从思维结构和中心提炼等方面适当修改。首先看思维结构。第一段第一句就说"一到周末，妈妈这大扫除的'野心'谁也甭想拦住",修改稿增添两句交代妈妈的"野心"原因,丰富人物特征和文章内容,显得饱满。第三段交代了小猫球球,为自己毫无怨言打扫卫生做了一定铺垫。第五段增添内容较多,考虑阳台确实是难点,要花心思去做;还要兼顾重点突出,做到有详有略。特别是由球球的吃饭盆引申出来的君子协定,丰富了文章内容,增加了内部矛盾,增添了文章可读性。

现在,谈谈文章中心思想提炼。同样一件事,出于不同角度考虑,可以提炼不同主题。这就需要大家认真思考,哪一种主题是新颖的、独特的。原稿主题是最后一段,注意保洁,贵在平时。修改稿主题是对妈妈勤劳的歌颂、温馨家庭的赞美,是两种截然不同的主题。提炼主题要善于透过现象深入本质。原稿主题是就现象说现象,叙述事件就是讲家庭需要大扫除,最后提炼的主题还是大扫除,是典型的通过现象说现象,主题浅显而缺乏深度。修改稿主题就是透过现象提炼本质。家庭大扫除不仅仅看到平时大扫除行为,而且要看到妈妈的勤劳付出。这些感悟需要孩子怀着一颗对妈妈无比敬佩的心才能体会得到。我们要有一颗敬佩他人的心,用敬佩之心遣词造句,文章主题才会更加激励人、感动人。

有趣的打牌游戏

（原稿）

中午，吃完饭，我嚷嚷着要和爸爸妈妈一起打牌。妈妈说："干脆我们定个规矩，输的两个人给赢家捶背100下。""好！"我和爸爸一起爽快地答道。

第一局，我以两个炸弹赢了爸爸妈妈。哦，真舒服啊！爸爸妈妈的拳头像温软的小锤打在我的肩上和后背。美好的时光总是过得很快，一眨眼工夫就捶完了。第二局妈妈赢了，妈妈高兴得立即趴在沙发上，让我和爸爸好好伺候。刚开始，我的小拳头像小雨点一个接一个

有趣的打牌游戏

（修改稿）

中午，吃完饭，我嚷嚷着要和爸爸妈妈一起打牌。妈妈说："干脆我们定个规矩，输的两个人给赢家捶背100下。""好！"我和爸爸一起爽快地答道。

第一局，我就以两个炸弹赢了爸爸妈妈，当即趴在沙发上享受自己的战斗成果。哦，真舒服啊！爸爸妈妈的拳头像温软的小皮锤落在我的肩上和后背，把我的身上捶得酥酥麻麻。美好的时光总是过得很快，一眨眼工夫就捶完了。第二局妈妈赢了，她高兴得立即趴在沙发上，让我和爸爸好好伺候。刚开始，我的小拳头像小雨点一个接一个落下，到后面就慢慢不好使了，但还是给妈妈多捶了两下，因为妈妈第

落下，可是到后面就慢慢不好使了。我还是给妈妈多捶了两下。妈妈第一局给我多捶了几下。爸爸还会使坏，趁机用手指在妈妈头上轻弹一下。第三、第四局我都赢了，被捶的滋味真爽啊！

第五局牌有了转化，妈妈手里竟然有4个5、4个10和2个一条龙，足以把我和爸爸炸翻天。可是，手里只有几张小牌的爸爸却赢了。爸爸语重心长地说道："'鹬蚌相争，渔翁得利'哦。你们两个人，都开足火力，想压倒对方，结果双方都不甘示弱，最终'两虎相斗，必有一伤'。我看

一局给我多捶了几下呢。爸爸还会使坏，趁机用手指在妈妈头上轻弹一下。第三、第四局我都赢了，被捶的滋味真爽啊！

第五局牌有了意想不到的转化。妈妈手里竟然有4个5、4个10和2个"一条龙"，足以把我和爸爸炸翻了天。我手里的牌也不差，大大小小也有4个炸。我放出第一个炸弹的时候，立马被妈妈灭掉，心想手里有的是炸弹，于是再炸妈妈的炸弹，谁知又被妈妈笑眯眯地一下拍在地上。不服输的我当即和妈妈拼杀起来，结果照样被妈妈一一降服。我把炸弹出光了，妈妈手里的武器也消耗没了。这个时候，只见爸爸呵呵笑着，一连串发出"小摔子"、"三带两"以及"小钢板"等原本上不了台面的小牌，轻而易举赢了我们。爸爸语重

到，你妈妈士气渐弱时，就乘机一炸，让她不敢轻举妄动了，我就有了出牌的机会。记住哦，要知己知彼，才能百战不殆哦。"

唉，原来打牌还有这么多门道，我还自鸣得意呢！不过，打牌高手爸爸竟然也输给了我那么多局。

就这样，我这个赢了几局的牌王要给老爸捶背了。

心长地说道："'鹬蚌相争，渔翁得利'哦。你们两个人，都开足火力，想压倒对方，结果双方都不甘示弱，最终'两虎相斗，必有一伤'。我看到，你妈妈士气渐弱时，我乘机一炸，让她不敢轻举妄动了，我就有了出牌的机会。记住哦，要知己知彼，才能百战不殆哦。"

唉，原来打牌还有这么多门道，我还自鸣得意呢！不过，打牌高手爸爸竟然也输给了我那么多局。

就这样，我这个赢了几局的牌王也要给老爸捶背了。

可敬的妈妈们：打牌游戏，相信各位妈妈都和孩子一起快乐地玩过。在玩游戏过程中，大家可能会教给孩子许多生活道理。此篇作文，主要是爸爸一番语重心长的教导很有启发意义，给孩子留下了深刻的印象。文章选对了写作重点，内容也就容易安排，主题也不会落入平淡与俗套。生活即作文，没有生动活泼、丰富多彩的生活，也就很难写出内容充实、情感丰富、主题鲜明的

原来打牌还有这么多门道，我还自鸣得意呢！不过，打牌高手爸爸竟然也输给了我那么多局。

文章来。

原稿虽然不长，但是以生花妙笔写出了打牌的乐趣和一家人其乐融融的生活场景。生活中处处充满乐趣，充满智慧。孩子的知识和品格许多就是在家长耳濡目染中获得的。打牌活动既能丰富家庭生活，又能起到教育孩子的作用。爸爸一番语重心长的话语在孩子的成长中一定会起到潜移默化的作用。

原稿有几个特色：

一是避难就易。打牌虽然很快乐，但要用简洁明白的语言把斗智斗勇、你攻我守的过程描述出来，并不容易。稍不注意，孩子很容易陷入具体打法的过程描述，让外行人看不明白。原稿没有停留于打牌本身，而是着眼于打牌奖励过程的享受，突出"有趣"的独特性，让孩子注意力一下子从打牌本身拓展开来。

二是注意详略。原稿详略处理很有特点，重点放在第五局牌，突出了爸爸善于利用对方矛盾、坐收渔利的打牌智慧，从而升华了知己知彼、百战不殆的哲理。第一局直接说结果，自己用两个炸赢得了比赛，享受到了爸爸妈妈的按摩。第二局是次重点，我还是给妈妈多捶了两下，因为妈妈第一局给我多捶了几下。这个很微小的细节写出妈妈和女儿的心心相印。三四局索性只交代自己赢牌及享受按摩的快乐，略到不能再略、惜字如金的地步。这种处理详略的文笔确实比较干脆利落，不拖泥带水，直接围绕自己最想表达的重点内容落笔。孩子在写作文的时候，可能会遇到如何选择重点和取舍素材的问题，并会为到底从哪落笔、如何落笔耗费脑筋。笔者认为，这并无统一标准，也没有放之四海而皆准的模板，主要看作文主题以及作者最想表达什么内容。

三是活泼幽默。尽管写打牌，作者的文笔还是非常生动活泼，充满幽默感，让人从字里行间能够感受到其快乐。作者从自己的视角描绘了赢牌后的成功喜悦，以及自己最后输牌给爸爸按摩的豁达，让我们看到作者真正把自己融进作文情境。作者已经能够熟练运用文字生动活泼表达自己的思想感情，表现出较强的文字驾驭能力。文字是表达我们思想感情的工具，也是走上社会之后与人交流、沟通工作的重要工具。这些能力的积累过程很大程度上就是作文写作的反复磨炼和长期养成，需要孩子在学校阶段持之以恒反复修炼。

原稿不足之处在于第三段写妈妈和我旗鼓相当、两败俱伤被爸爸坐收渔利的过程不完整。不完整主要表现为我自己手中牌的战斗力及与妈妈之间的拼斗没写出来，直接讲爸爸坐收渔利，就显得脱节。

修改稿着重在第三段增加"我"手里牌的情况、我和妈妈奋勇拼杀过程以及爸爸手里牌如何弱小等内容。这就将爸爸如何轻松击败强敌赢牌的过程较为全面地展示出来，更为爸爸一番语重心长的教育智慧做了有力铺垫。

那是一次有趣的尝试

（原稿）

小时候，我就被那清香扑鼻、柔软黏黏的粽子所吸引。看着大人们包好煮好的粽子，津津有味地吃着，我也想尝试包一回粽子。

我让妈妈先演示一遍给我看。"挺简单的嘛！"我胸有成竹地说。我拿起了柴叶学着妈妈的样儿卷了起来，将卷好的圆锥状柴叶握在手里，旁边的

第一次包粽子

（修改稿）

小时候，我就被那清香扑鼻、柔软黏黏的粽子所吸引。看着大人们包好的粽子，津津有味地吃着，我也想尝试包一回粽子。

又到端午节，我这次要好好跟妈妈学习包粽子。我让"军师"妈妈先演示一遍给我看。只见妈妈左手拿起两片柴叶，先用两手捏住两片柴叶，右手腕轻轻一转，柴叶就成为漏斗状，接着再用一片柴叶根部插入前两片柴叶边隙，顺势旋绕一圈，粽子形状基本就出来了。妈妈用右手舀起两汤勺糯米，放进柴叶漏斗里，看看将近一大半的样子，又用筷子夹了一块咸猪肉放在糯米上，再用汤勺舀糯米把漏斗填满，最后用右手抓住柴叶小心翼翼按下来将其捏成三角形，接着再左右上下缠绕几圈，用事先剪好的绳子绕着三个角将其牢牢扎紧，一个有棱

"军师"指挥着我"军"的"作战纲要"。雪白的糯米躺在嫩绿的柴叶中，看着就食欲大开。接着，我又放进了妈妈特制的五花肉，在五花肉上，又添了一层糯米。最后一道工序，就是收扎了。难就难在这道工序上。我把柴叶向下压了进去，但怎么也不能把粽子的边儿裹好，就更别提包出俊俏的棱角了。

"啊！"我惊叫一声，由于我的不小心，握

有角、壮实完美的粽子就包好了。

"挺简单的嘛！"我胸有成竹地说。我拿起柴叶学着妈妈的样儿卷了起来，将卷好的柴叶握在手里，雪白的糯米躺在嫩绿的柴叶中，看着就食欲大开。接着，我又放进了妈妈特制的咸猪肉，在咸猪肉上又添了一层糯米。最后一道工序，就是收扎了，难就难在这道工序上。我把柴叶向下压了下来，但怎么也不能把粽子的边儿裹好，就更别提包出俊俏的棱角了。

"啊！"我惊叫一声，由于不小心，我握在手里的粽子散了，真是前功尽弃啊！我只得奋起直追，又做了起来。这次，我可得一锤定音，非要成功不可。我小心地把粽子卷好，下一步卷角，不敢往前了，害怕又前功尽弃。旁边的"军师"耐心指挥着我运用"作战纲要"。"军师"让我左手握紧粽子，食指压好顶部，大拇指压紧边缘，右手大拇指和食指捏住盖好口的柴叶，轻轻

在手里的粽子散了，真是前功尽弃啊！我只得奋起直追，又做了起来。这次，我可得一锤定音，偏要成功不可。我小心地把粽子卷好。"军师"说要将盖好口的柴叶拢在一起，再向右折。说得容易做起来难啊。粽子在我手里就是不听使唤，怎么也拢不起来。功夫不负有心人，在我耐心努力下，终于成型了。我也顾不上美观，随手捆扎了粽子，第一次总算成

向左弯折，顺势再绕半圈，回到顶部压下。我一步一步小心操作。说得容易做起来难啊，粽子在我手里就是不听使唤，怎么也拢不起来。功夫不负有心人，经过四次反复练习，我终于包出有棱有角的粽子啦。尽管我包的粽子跟妈妈的相比，还谈不上美观，但第一次总算成功了。

妈妈说，包粽子是一件细巧活儿，功夫出在细节上，上下绕动，左右转折，一按一扎，都是功夫。你从包粽子中能体会到作文、绘画、书法等成功秘诀在于抓住细节处理，就会进步很快，还能发现很多潜藏在事物背后的美。这个道理，绘画老师也曾讲过，但我似懂非懂。今天，从包粽子每一个细微动作处理上，我似乎开了点窍。

等到粽子煮熟的时候，屋子里弥漫着迷人的清香。妈妈把粽子端到桌上，我一眼就认出自己包的粽子，迫不及待拿过来，剥掉粽叶，就美滋滋地品尝起来。第一次品尝

功了。

这次尝试为我以后更方便吃粽子打下了重要基础！

自己亲手包的粽子，心里甜滋滋的，甭提多开心了。今后，我要继续跟妈妈多学习厨艺，多学习生活里的奥秘，锻炼更多的学习和生活本领。

可敬的妈妈们：写事作文是作文教学和孩子练笔的重要文类。记事作文和记人、写景、状物等很多文类往往交融相错。写好记事作文对孩子来说，应该算是基本功中的基本功。孩子写事作文是不是也让妈妈们常常拍脑袋瓜啊？写作记事作文有没有规律可循？笔者认为，记事作文要注意有头有尾、有取有舍、有详有略、有虚有实。

一是有头有尾。按照事情发展顺序来写，叫顺序。也可以采用倒叙。倒叙就是把结果放在开头展示给读者，接着按照事情来龙去脉慢慢铺写。倒叙法能吸引读者追根溯源。各位妈妈应该多指导孩子大胆尝试。例如，原稿开头也可以这样安排："我终于吃到自己包的粽子啦。屋子里弥漫着迷人的粽子清香。妈妈把粽子端到桌上，我一眼就认出自己包的粽子，迫不及待拿过来剥掉粽叶，美滋滋地品尝起来。品尝自己费尽周折包好的粽子，心里甜滋滋的，甭提多开心了。这其中的周折让我慢慢道来。"是不是也很迷人啊。

二是有取有舍。孩子经常把记事文写成流水账，是

包粽子是一件细巧活儿，功夫出在细节上，上下绕动，左右转折，一按一扎，都是功夫。功夫不负有心人，我终于包出有棱有角的粽子啦。

因为眉毛胡子一把抓，没把握好事情重点到底在哪里，哪些应该纳入作文素材，哪些无关或联系不紧的素材应该舍弃，也就是常说的抓不住重点。抓住重点是各种文章必须要做到的一项基本功哦。各位妈妈检查、辅导孩子作文，第一眼就要捕捉这个要点，抓住重点辅导孩子作文就较轻松自如了。

三是有详有略。就是把握纳入文中的素材哪些该详写，哪些该略写，不平均落笔，不面面俱到。通常情况下，事情的重点、特点、亮点交代要细致入微。孩子对重点、特点和亮点往往缺乏细致刻画的功力，风轻云淡，浮光掠影，不着痛痒。妈妈们要帮助孩子分析找到事情中的难点、特点和亮点，不仅细致入微描述事件的外部特点，还要能帮助孩子看到事件内部的核心要素，才能让读者对事情有全面深刻的了解，为中心思想的提炼、升华做铺垫和蓄势。

四是有虚有实。孩子在文章最后最擅长的就是抒发自己美好的心情。这当然符合孩子的童真情绪。各位妈妈还要培养孩子对事物本质的认识能力，才能渐渐培养孩子透过事物表面看到事物背后的、深层的、富有启发意义的美的东西。写物文章要求物我相融，写事文章同样注重事我相融，"我"的心情随着事情的脚步而跳动，"我"跳动的心也能推动事情的脚步前行，使事情萌发出鲜活生动有趣的魅力。

现在言归"正传"。原稿写作者第一次包粽子的难忘情景，比较形象叙述了从想包粽子、看包粽子、尝试包粽子、包粽子失败、重新包粽子到学会包粽子的动态过程，清晰明朗记述事情来龙去脉。全文语言流畅、生动活泼、层次分明、波澜起伏，色香味俱全、动感十足、趣味横生。心理变化、情绪暗线交代描写非常出色，很好渲染烘托人物的情感变化。作者观察很细致，能够把学包粽子过程节点交代清楚。这就为栩栩如生展示学习和练习过程打下生活基础，也说明作者平常善于观察总结。妈妈要主动引导孩子注重在日常培养观察思考、梳理分类和提炼表达的能力，经过长期潜移默化反复练习，会逐渐养成思路清晰、思维深刻的写作好习惯。

原稿需要改进之处，就是写记事作文要学习的重点内容。

一是教学展示不充分。原稿只说一句话"我让妈妈先演示一遍给我看"。妈妈到底如何演示的，粽子到底怎么包成的，有没有关键诀窍，妈妈包的粽子漂亮不漂亮？这些细节既是生动直观展示包粽子的"技术要点"，又可与自己费劲的学习过程形成鲜明对比。这一块显然需要重点交代清楚。

二是主题升华缺高度。"这次尝试为我以后更方便吃粽子打下了重要基础！"是孩子真实的童趣心理，还停留在就粽子说粽子层面，没有上升为培养孩子观察学习能力、提升生活本领的高度，缺乏表现力。修改稿第四段在成功包了第一个粽子上下了功夫，为第五段升华主题做有力铺垫和蓄势。第五段"功夫出在细节上"不就是妈妈们经常向孩子传达的人生道理吗？

三是成功喜悦未分享。原稿把包粽子过程写出来了，但是忽略了吃粽子的快乐环节，如自己第一次包的粽子好不好吃，自己吃了以后心里怎么想的，妈妈如何评价的，这次学习包粽子有哪些收获和感悟，等等。如果补上这段内容，就会让前面包粽子的过程有了完美结尾，也可进一步深化包粽子的感受认知，深化文章的主题。

四是标题概念不清晰。原稿标题《那是一次有趣的尝试》，跟包粽子主体内容相比，显得语焉不详、联系不紧，没能发挥点睛的作用，因此需要紧紧围绕主题重新创意提炼。

修改稿着重调整如下内容：

第一，细笔刻画示范过程。因为是第一次包粽子。从孩子视野观察妈妈包粽子的详细过程及关键细节，既突出包粽子真实场景，又表现作者认真细致观察，以及学习包粽子的浓厚兴趣。这是全文重点之一，因此细笔描绘。孩子在叙事中对哪一环节要重点叙述描绘，要有自己的构思与判断。

第二，增加主题升华段落。包粽子是一件灵巧细致活儿，处理不好细节点，就包不好粽子。孩子往往把兴趣点落在好玩上。妈妈们要更多从生活细节中启发孩子的智慧，逐渐帮助孩子养成用慧眼探究事物本质的能力。

第三，增加包粽子的细节交代。孩子学包粽子是事情重点，原稿用概括性语句风轻云淡带过，哪里看出难度？修改稿把"军师"指导自己操作的复杂过程十分细致地交代出来。抓住重点、突破难点、打通堵点、消除痛点是我们解决任何事情必须要充分把握的"四点"，才能把一件事情解决好处理好。

第四，增加吃粽子的欢乐情景。最后一段写作者第一次吃自己包粽子的喜悦感受，以及由此产生学习更多生活本领、领会更多生活道理的心理活动。这不仅让本次包粽子有头有尾、有滋有味，还强化了包粽子的意义，深化了文章主题。

第五，直奔痛痒明确标题。将标题直接改为《第一次包粽子》，标题直接鲜明，让人一目了然。原稿标题《那是一次有趣的尝试》显得朦胧晦涩，可以作为任何一种尝试类作文的题目，没能很好体现作文内容特点。后面写景作文《孔望山的秋叶》原题是《秋天的叶子》，和此篇存在同样的不足。标题如同人的头部，要小而实，不能大而空。为尽量保持原稿风貌，在没有大影响情况下，修改稿基本沿用原稿标题，确需修改的，另起标题；后文修改稿与原稿标题不一致的，皆根据需要调整。全书目录统一使用修改稿标题。

打倒困难
"牛魔王"

（原稿）

困难的两边是截然不同的世界，左边是懦弱，右边则是诠释勇敢和坚持的世界。每个人都希望自己站在右边的世界，我也不例外。

这是我三年级时的课堂。

三年级，我越来越不喜欢举手发言了，一是觉得幼稚；二是觉得自己越来越胆小了，害怕回答得不好。可是许多小朋友都能齐刷刷地把小手举起来。我真羡慕他们的聪明和胆识。在课堂上，我就是一个典型的胆小鬼，不敢举手，不敢大声回答问

打倒困难
"牛魔王"

（修改稿）

我们学习和生活中难免遇到这样那样的困难。我们应该将困难视为"牛魔王"。"牛魔王"两边是截然不同的世界。左边是象征懦弱和退缩的泥潭，右边则是诠释勇敢和前进的世界。每个人都希望自己站在右边的世界，我也不例外。

我培养勇敢自信、克服困难障碍的分水岭是在小学三年级。我刚上学的时候，上课积极勇敢、主动发言，但是到了三年级，越来越不喜欢举手发言了，既觉得幼稚，又害怕回答得不好。可是许多小朋友都能齐刷刷地把小手举起来。我真羡慕他们的聪明和胆识。在课堂上，

题，不敢交头接耳……

今天上的是第八课《海伦·凯勒》。老师提了很多问题，这些问题我都有自己的答案，可就是不敢抢先回答。万一回答错了怎么办呢？老师会批评吗？同学们会嘲笑吗？

我的地狱恶魔在我的左耳道："不举就不举呗，老师又不会让你写检查，罚你干事情。"而我的白色天使在我的右耳细语："你要是一直不举手，长期下去，你的胆子会越来越小，将来，你将变成一个胆小鬼，什么事情都会吓倒你。老师又不是老虎，你站起来回答问题，也不会少根头发少块肉的。"我深吸一口

我就是一个典型的胆小鬼，不敢举手，不敢大声回答问题，不敢交头接耳……

我记得那一天上第八课《海伦·凯勒》。海伦·凯勒在失去视觉和听觉的情况下，勇于战胜自我，不屈不挠学习知识，终于成为世界瞩目的著名作家，激励了一代又一代人。老师提了很多问题。我都有自己的答案，可就是不敢抢先回答，担心万一答错怎么办呢？老师会批评吗？同学们会嘲笑吗？

我的地狱恶魔在我的左耳道："不举就不举呗，老师又不会让你写检查，罚你干事情。"而我的白色天使在我的右耳细语："你要是一直不举手，长期下去，你的胆子会越来越小，将来，你将变成一个胆小鬼，什么事情都会吓倒你。老师又不是老虎，你要学

气，天使终于战胜了恶魔，沉重的手终于举了起来。

老师对我的回答十分满意，还多表扬了我几句。

我终于敢举手啦！我如释重负，身体轻松多了，心情也舒畅了。

俗话说得好："良好的开端是成功的一半。"以后我再也不为举手而纠结了。想举就举，举出自信。

我们应该将困难视为"牛魔王"。"牛魔王"其实是软弱的，只要你有自信，不懦弱，一定可以把它赶出去。

习海伦·凯勒，站起来回答问题，也不会少根头发、少块肉的。"我深吸一口气，鼓足了勇气，天使终于战胜了恶魔。我沉重的手终于缓缓举了起来，在大家的注目中成功回答了问题，引来大家赞赏的目光。老师对我的回答十分满意，还多表扬了我几句。我终于敢举手啦！我如释重负，身体轻松多了，心情也舒畅了。

俗话说得好："良好的开端是成功的一半。"以后我再也不为举手而纠结了，想举就举，举出自信，举出进步。

困难"牛魔王"其实是软弱的，只要你有自信，它就懦弱；只要你前进，就一定可以把它赶出去。

我深吸一口气，鼓足勇气，天使终于战胜了恶魔。以后我再也不为举手而纠结了，想举就举，举出自信，举出进步。

困难

可敬的妈妈们：困难"牛魔王"，我们人人要鼓足勇气打倒它。孩子敢于突破自己，真的很棒哦。这是一篇反映心理活动的作文，写得不错。

首先主题鲜明，思路流畅，语言精到，层次分明，内容充实，好句挺多，作文写成这样应该值得点赞。

需要改进之处：一是注意开宗明义、直奔主题。标题为"打倒困难'牛魔王'"，文中只在结尾点题，开头也说到了困难，但在交代结合上不够自然，如能紧紧围绕题目直接点题，标题与内容就能结合密切，还能起到首尾呼应的效果。二是核心内容联系不紧密。作者写促使自己性格改变的是三年级的一节课《海伦·凯勒》。在这节课上改变也不是偶然的，而是因为海伦·凯勒不屈不挠、勇敢自信和顽强学习的成功经验启发了自己，激励了自己，感染了自己。如能把这个环节交代清楚，这里就比较符合逻辑、内容充实、关联紧密了。原稿一笔带过，就显得语焉不详，缺少根基。三是部分语言需要进一步精练打磨。原稿语言总体不错，如能注意语意对应、句式对仗，就能从句式、句意乃至句段上获得更好效果，比较典型的是首段"左边是懦弱，右边则是诠释勇敢和坚持的世界"。这句话左边说了懦弱、右边说了勇敢和坚持两个意思，就显得左右不对称、句意不完整了。

修改稿没有大动手脚，主要围绕开宗明义点题、句段规整对仗、丰富内涵联系等方面稍作调整。

一是整理打磨首段。首段在文中非常重要，起到鸣锣开道、亮明身份和引领全文等作用。段首写作要注意引入自然、句段紧凑、主题突出、旗帜鲜明，让文章有个干脆利落、精神抖擞的好开头。修改稿第一句说"我们学习和生活中难免遇到这样那样的困难"，意在从日常情境自然引入困难话题，改变原稿直接讲"困难的两边是截然不同的世界"较为突兀问题。增加"我们应该将困难视为'牛魔王'"，意在将困难与标题"牛魔王"关联点题，达到开宗明义效果，让开头就和标题联系自然紧密，也为后文提供呼应的彩旗。为解决文字工整对仗问题，修改稿根据原稿右边"勇敢和坚持"在左边增加"坚持"的反义词"退缩"，与"懦弱"放在一起，右边有"世界"，左边对应增加"泥潭"，就能做到左右平衡、句意连贯对应了。这种对偶式句式能够起到增加句段稳固性、句意感染力、段落整齐性等效果，在中国古代散文、骈文、小说及诗词歌赋中使用非常普遍，是中国文学的优秀传统。特别是用在开头或结尾，能给全文增添不少亮色，会引起读者的注意和好感。希望妈妈教育孩子时积极从中国文学土壤中吸取丰富的营养，勇于将各种修辞手法合理应用于作文之中，在潜移默化中提升孩子的表达能力。

二是注意过渡自然。文章主体是三年级一次上课改变了自己胆小多虑的问题。原稿第二段直接交代"这是我三年级时的课堂"，然后介绍自己越来越不喜欢举手发言，同样显得突兀生硬，与第一段缺少句意连贯以及以前状态的对比过渡。鉴于此，修改稿第二段开头承前段语意说明小学三年级是自己培养勇敢自信、克服困难障碍的分水岭，再说三年级以前上课积极勇敢、主动发言，到了三年级越来越不喜欢举手发言，就让开头与主体部分从主题、句意到段落结构都有关联了。这在写景作文中还将再做提示。每一篇文章段落之间都需要穿针引线，将各段紧紧缝合团结在一起，形成有方阵、有气势、有核心力量的整体。

三是丰富内在含义。第三段增加海伦·凯勒勇于克服自我、不屈不挠的个人事迹简介，意在说明其对自己的影响。在第四段借天使之口说"你要学习海伦·凯勒，站起来回答问题，也不会少根头发、少块肉的"，就更加生动展示了心理活动过程，更加贴切地告诉读者为什么要单单选择三年级学习《海伦·凯勒》这节课的内在原因和思维逻辑。由此可见，大家选择素材并非没有目的、随机拼凑的，而是围绕主题及表达需要选择内在关联最紧密、最能充分表达写作意图的素材，紧紧围绕中心、烘托主题、形神合一。这段是内部文字的穿针引线，也要交代缝合自然，不能来个急转弯。

修改稿做了句段合并、文字精练等小调整，就不多细述了。

两个两分钟

（原稿）

时间往往在你的不知不觉中流过。当你被压迫时，那就觉得时间过得实在是太慢，但当你做自己乐意的事情时，不免会抱怨时间过得太快。

大屏幕上出现了达·芬奇的著作"蒙娜丽莎的微笑"。大家都一头雾水，交头接耳。不知老师又在耍什么小花招。结果是要求女士模仿蒙娜丽莎的微笑。男生们笑开了锅。我细细地推敲着每一个动作。身体向哪儿，手怎么放，是大笑还是微笑。我们女生学得差不多后，老师也有一幅画让男生模仿。哈！男生也逃脱不了厄运。要不怎么叫

两个"两分钟"

（修改稿）

时间往往在你不知不觉中流过。当你被压迫做事时，就会觉得时间过得实在太慢；当你做自己乐意的事情时，不免会抱怨时间过得太快。

这不，这个"两分钟"简直是"灾难"。

大屏幕上出现了达·芬奇的画作《蒙娜丽莎的微笑》。大家都一头雾水，交头接耳，不知老师又在耍什么小花招。结果是要求女生模仿蒙娜丽莎的微笑。男生们笑开了锅。我细细地推敲着每一个动作，身体向哪儿，手怎么放，是大笑还是微笑。我们女生学得差不多后，老师又展示了一幅画让男生模仿。哈！男生也逃脱

"双喜临门"呢？男生模仿扔铁饼的动作。这比我们的难得多了。男生练习完了，高老师宣布我们各自保持动作两分钟。这还不简单！"开始"一声令下。大家都摆好了动作。不一会儿，我心想："哎呀，时间怎么过得这么慢啊？再快点啊！"大家似乎都想到了一起，都有点儿支撑不住了。"停！"大家像泄了气的皮球瘫在了桌子上。

灾难过后就是快乐了。

我们有两分钟自由支配时间，想干啥就干啥。有的男生拍手，有的男生摇头晃脑，有的男生还唱起了小曲儿……女生们叽叽喳喳，有说有笑。大家都沉浸在快乐之中，似

不了厄运，要不怎么叫"双喜临门"呢？男生模仿扔铁饼的动作。这比我们的难多了。男生练习完了，高老师宣布我们各自保持动作两分钟。这还不简单！"开始！"一声令下，大家都摆好动作。不一会儿，我心想："哎呀，时间怎么过得这么慢啊？再快点啊！"大家似乎想到了一起，都有点儿支撑不住了。"停！"老师刚发出号令，大家就像泄了气的皮球瘫在了桌子上。

"灾难"过后就是快乐了。

我们有两分钟自由支配时间，想干啥就干啥。有的男生拍手，有的男生摇头晃脑，有的男生还唱起了小曲儿……女生们叽叽喳喳，有说有笑。大家都沉浸在快乐之中，似乎什么事都抛到

乎什么事都抛到九霄云外了。"停！"老师又一声令下。唉！还没有尽兴，时间就过去了。

时间快慢都是心理作用。同样的时间，当自己做、被迫做和乐意做的事时，心理作用上的时间快慢是不同的。同样两分钟，一次是被迫做动作，一次是自由活动，在心情的作用下，快慢也是不同的喽。

这个游戏不正是反映了我们要珍惜时间吗？

九霄云外了。"停！"老师又一声令下。唉！还没有尽兴，时间就过去了。

时间长短都是心理作用。在不同情况下，同样时间在心理作用上的长短是不同的。同样两分钟，一次是被迫做动作，一次是自由活动，在心理作用下，时间长短就不一样了。

这个游戏不正提醒我们要主动生活学习、珍惜美好时光吗？

可敬的妈妈们： 这是一篇很生动、很有趣、很有启发性的文章，文笔流畅，主题鲜明，结构合理，层次分明，语言活泼，思维跳跃，字里行间可以看到作者的才气、幽默和自信。具体来说，原稿有以下几个特色：

一是注重提炼升华。作者通过两个活动场景生动揭示人在不同情境中对于相同时间的不同感受。作者在第一段开门见山提出自己对时间的"快慢相对论"，在第五

女生模仿蒙娜丽莎的微笑。我细细地推敲着每一个动作，身体向哪儿，手怎么放，是大笑还是微笑。

段又结合两个场景作出解释，在第六段亮明珍惜时间的主旨。这些认识与游戏活动水乳交融，使得游戏活动的意义更加深刻，也使得自己关于时间的观点更有说服力，让人读了以后顿有所悟。这是小作者在不断学习中渐渐长出了识别作文素材背后、事物表象后面隐含道理的慧眼，非常棒。作为妈妈，大家要善于引导孩子看到事物背后的内在本质元素，才能增加作文内在的深度和涵养。

二是语言生动活泼。文章虽然不长，但是作者先后运用对比、比喻、夸张、设问、反问、排比、双关、拟声等多种笔法，使得全文句式多变、内容丰富、氛围轻松、充满乐趣，表现出较强的语言驾驭能力。写作文要善于运用丰富多彩的笔法，生动活泼表达写作内容，让文章更加耐读好读。

三是结构层次分明。原稿共六段，每段内容各有侧重，第一段开宗明义，第二段通过游戏活动说明时间的慢感受，第三段一句话带过进入下一段，第四段通过自由活动说明时间的快感受，第五段扼要阐释时间快慢感受的产生原因，第六段一句话点明主题。其中，第二段、第四段是重点，段落分量也多。整个文章长短呼应、主体突出、详略得当。

修改稿主要从标点规范及段意连贯方面调整。标点符号是孩子学习和运用的一个难点。在孩子日常写作中，各位妈妈要有意及时纠正，养成良好的句读习惯。根据原稿句读出现的典型错误，现对几种常用的标点符号作简单梳理和总结，希望能给大家提供参考帮助。

一是调整标点。文中标点问题主要是错用。

首先，看双引号。双引号有直接引用、特定称谓引用、讽刺和否定引用、特殊含义引用和突出强调引用。原稿标题《两个两分钟》中的"两分钟"应该属于突出强调引用，说明这两个"两分钟"不同一般，因此需要标注双引号。

同样，"灾难过后就是快乐了"中的"灾难"应该加双引号。灾难的本意是指由天灾人祸所造成的苦难。这里固定肢体游戏动作显然不属于天灾人祸，但是为了突出强调固定肢体带来的身体不适感，运用"灾难"描述感受属于夸张手法，因此加个双引号就表示这里的"灾难"并非真的灾难，而是属于特定称谓。

其次，看分号。分号是介于句号与逗号之间的标点，用以分隔存在一定关系（并列、转折、承接和因果等，以并列关系居多）的两句分句。"当你被压迫做事时，就会觉得时间过得实在太慢；当你做自己乐意的事情时，不免会抱怨时间过得太快。"这就属于存在并列关系的两个分句，中间应该用分号分隔，用逗号就难以区分句段内部的并列关系。

再次，看书名号。书名号用于标明书名、篇名、报刊名、文件名、戏曲名、雕塑名、摄影名、歌曲名、图画名等。"蒙娜丽莎的微笑"属于意大利画家达·芬奇的油画作品，应该用书名号，而不是双引号。

最后，看逗号。逗号常用于一个完整句子中间，表示小于分号大于顿号的停顿。

"大家都一头雾水，交头接耳。不知老师又在耍什么小花招。"这句话中，"不知老师又在耍什么小花招"的主语仍为前面的"大家"，实际上属于一句话，应当使用逗号。如用句号，原句就是两句话了。

"我细细地推敲着每一个动作。身体向哪儿，手怎么放，是大笑还是微笑"中，"身体向哪儿，手怎么放，是大笑还是微笑"都是我细细地推敲着每一个动作的具体内容，也应用逗号，保证句意连贯完整。

二是衔接自然。原稿第一段讲完时间相对感受后直接进入游戏场景，因为缺少一个过渡句，既显得有些突然，又让两段之间缺少有机联系。作者实际上是注意使用过渡语句的，比如第二段与第四段之间就用一句话自然过渡，使得段落衔接就很自然。参照原稿第三段、上下句意及作者语言风格，增加过渡句"这不，这个'两分钟'简直是'灾难'"。整个段意就连贯了。

段落过渡有句子过渡法、词语过渡法和段落过渡法。此处属于句子过渡法，使用一句话作为段落之间过渡。句子过渡法的基本方法是什么呢？

首先，学会总结提炼下一段落的特征。如修改稿第二段"这不，这个'两分钟'简直是'灾难'"。其次，既概括上一段内容特点，又提领下一段主要特点。如修改稿第四段"'灾难'过后就是快乐了"。"灾难"是承接上一段，"快乐"是引领下一段。这样两个"两分钟"就能肩并肩紧密相连站在一起了。

联欢会

（原稿）

今天，我们班举行了一个班级联欢会。

联欢会开始了，第一个上场的是二胡演奏《赛马》，由朱妍、赵阳阳、曹琦琦演奏，乐曲婉转动听，引人入胜，我仿佛被带进了热闹激烈的场面。

紧接着，陈颖的吹竹笛，徐大超、孙茹的相声，赵阳阳、周如如的竹舞……都能把我们带到欢乐美妙的境界。

最好玩的是课本剧《三只小猪》。

精彩难忘的"六一"联欢会

（修改稿）

今天是"六一"儿童节。我们班下午举行了一场精彩纷呈的"庆六一、同欢乐"联欢会。全班师生欢聚一堂，载歌载舞，度过了一个难忘的节日。

联欢会节目丰富多彩，让我目不暇接，对班级才子佳人们高超的才艺刮目相看。朱妍等同学演奏的二胡曲《赛马》、陈颖的竹笛、徐大超和孙茹的相声、赵阳阳和周如如的竹舞、穆达的新疆舞、田林和王海涛的双簧、徐小小的独唱、张老师的诗歌朗诵以及第一组同学表演的课本剧，如群花争艳、各有风采，都能把我们带到欢乐美妙的境界。教室里不时爆发阵阵热烈的掌声，引来其他班级学生挤在窗口争相观看。

我印象最深的当数《赛马》

首先，情节十分有趣。老大的草房子被大灰狼一吹就坏了，老大就跑到老二的房子里。老二的房子也不结实，也被大灰狼一脚踢坏了，老大和老二只好跑到老三的房子里。老三的房子是砖头做的，大灰狼猛地一撞，扑通一声倒在了地上，嗷嗷直叫。三只小猪上前，狠狠地将大灰狼打死了。

其次，是道具和表演太逗人了，太有感染力了。小猪穿一件紫红的衣服，非常喜气。小猪胖乎乎的，说话慢条斯理，尤其是被大灰狼追赶

《三只小猪》两个节目了。

最让我震撼的是第一个上场节目《赛马》，由朱妍、赵阳阳、曹琦琦演奏。乐曲节奏欢快、气势磅礴、旋律奔放、马蹄声声、嘶鸣阵阵、惟妙惟肖，生动演绎了草原上万马奔腾的壮观情景。同学们都静静地沉醉在优美的乐曲中。调皮的徐歌还闭着眼睛摇晃着身子，美美地享受着。我也仿佛置身于美丽的内蒙古大草原。看着几位乐手用二胡娴熟地演奏出这么美妙动人的音乐，我对他们真是敬佩不已啊。

最好玩的当然是课本剧《三只小猪》。首先，它的情节可有趣了。老大的草房子被大灰狼一吹就坏了，老大就跑到老二的房子里。老二的房子也不结实，也被大灰狼一脚踢坏了，老大和老二只好跑到老三的房子里。老三的房子是砖头做的，大灰狼猛地一撞，扑通一声倒在了地上，嗷

的时候，由于胖，屁股撅得高高的，跑不动，引得同学们哄堂大笑。大灰狼穿一件灰黄的衣服，十分阴险。大灰狼瘦巴巴的，嘴巴尖尖的，说话尖酸刻薄，追小猪的时候，一边跑，一边高呼，由于跑得太快，大灰狼被绊了一跤，疼得哭爹叫娘，引得同学们又一阵笑声。恶人必有天惩罚。

今天我过得特别开心，你们的六一过得开心吗？

嗷直叫。三只小猪上前，狠狠地将大灰狼打死了。其次，道具和表演太逗人了，也太有感染力了。小猪穿一件紫红衣服，非常喜气。小猪胖乎乎的，说话慢条斯理，尤其是被大灰狼追赶的时候，由于胖，屁股撅得高高的，跑不动，引得全班同学哄堂大笑。大灰狼穿一件灰黄衣服，瘦巴巴的，嘴巴尖尖的，说话尖酸刻薄，十分阴险，追小猪的时候，一边跑，一边高呼。由于跑得太快，大灰狼被绊了一跤，疼得哭爹叫娘，引得同学们又一阵笑声。真是"恶人必有天惩罚"。

今天我过得特别开心，你们的"六一"过得开心吗？

可敬的妈妈们： 在场景中写人叙事也很锻炼孩子的写作能力，对于初学者来说也有一定难度。主要表现在两个方面：一是几个或多个场景重新组合，是写作的一大难点；二是缺乏侧面烘托的遒劲笔力。侧面烘托是场

最好玩的当然是课本剧《三只小猪》，情节有趣，道具和表演太逗人了，也太有感染力了，引得同学们又一阵笑声。

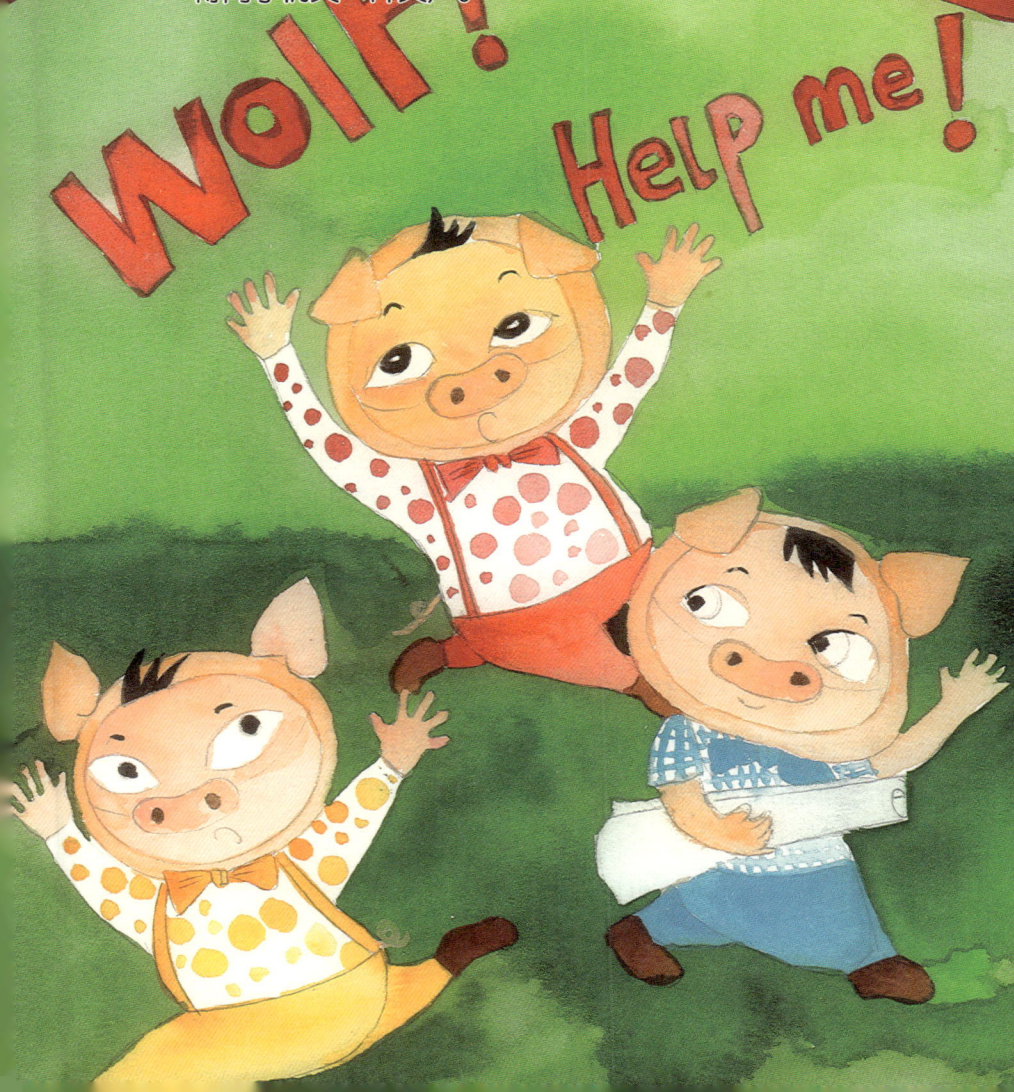

Wolf!

Help me!

景描写不可或缺的一种方法，少了侧面烘托，作文就好像缺捧场的人。大家在观看各种晚会时，都能看到摄影师会把镜头聚焦到台下的观众，目的是展示台下观众观看感受。大家也要像摄影师一样，要把镜头适时切换到台下，增加台上演员表演的感染力。

还是先看原稿吧。原稿总体写得不错，叙述井井有条，详略得当。第一段交代事件，第二段属于次重点，以《赛马》为主体，既写了音乐的动听，又写了作者的感受。第三段是略写，把众多节目运用排比列举方式一句话传递出来，体现了小作者的概括提炼能力。第四段是文章重点，是小作者最喜欢的节目，就重点用笔，层次鲜明，注意运用"首先""其次"这样的序词交代转换文章内容，说明作者的思路非常清晰。本段对人物表演的表述非常具有可读性，小猪、大灰狼的性格跃然纸上；语言层次排列也很优美，对小猪的语言描述层次和对大灰狼的语言描述层次基本相同，体现小作者较好的思维和语言运用能力。这种思维和语言能力，尤其是把两种人或两种事物放在一起对比写照的时候，运用这种方法效果特别好。各位妈妈要积极体会，引导孩子运用哦。原稿作文基本手法运用娴熟自如，叙述井然有序，场景安排有详有略，场景描写生动有趣，非常棒。以下几点还需揣摩，避开缺点。

一是主题不鲜明。标题及开头都只交代班级联欢会，看到最后才知道是庆祝"六一"儿童节的，就显得主题平淡无光，不知道为什么要开这个联欢会。如此开头，会使文章开头显得瘦弱而突兀。

二是内容整体略显单薄。第二段写《赛马》，寥寥几笔，没有把二胡曲《赛马》的特点写饱满，与后面《三只小猪》相比显得个头小了，不太般配。第三段只列举了三个节目名单，还不能充分反映整场晚会的丰富内容，使得本段内容同样显得瘦弱无力。

三是没有完全把自己放进去。作者虽然写了自己对晚会印象深刻的节目，也有自己欣赏节目之后的欢乐感受，但是显得还不够丰富而深入，致使作文徘徊于客观描述，缺少感染力。

《三只小猪》部分写得比较充分，可以合并为一段，段落更加整齐，文字不需要大动。

针对以上问题，修改稿重点做了以下调整：

一是鲜明主题。标题明确"六一"节日主题，并以"精彩难忘的"作为修饰，就比先前更加鲜明生动多了。第一段首句直接告诉读者，今天是"六一"儿童节，然后再说举办联欢会，比起原文仅讲"今天，我们班举行了一个班级联欢会"就显得顺畅自然。为让晚会主题更加鲜明，第一段特地为晚会加了一个名称"'庆六一、同欢乐'联欢会"，让晚会有名有姓。

二是丰满内容。原稿节目单太少了，现在就直接在其基础上增加不同艺术形式的节目内容，并把《赛马》和课本剧也放在一起，较为全面展示晚会情况，让读者有个整体印象，同时保证段落篇幅与其他段落保持均衡。另外，重点充实《赛马》节目。作为重点叙述的两个节目之一，原稿写得过于简单，写乐曲"婉转动听"也不太符合其热烈欢快的风格，因此围绕乐曲《赛马》特点做了简要叙述。如果是低年级学生，有一个重点场面描述就可以了，但对于六年级，甚至初高中孩子，要选择两到三个场面来突出展示，突出场景的丰富多彩性，才能给读者留下深刻的印象。

三是调整位置。原稿按照节目上场顺序叙述，第一个上场的是《赛马》，然后是竹笛、相声、竹舞……《三只小猪》。这种自然顺序写法的好处是写起来平铺直叙比较容易，坏处是很容易流于平直无味，不引人入胜。作文不是简单地把生活场景原貌按序搬到作文中来，而是需要用手中笔适当调整和合理规划的。因此，将原稿第三段提到第二段，先说晚会总体情况，然后再细说其中印象最为深刻的节目，就使得内容总分结合、重点突出、层次分明。

四是渲染烘托。"烘云托月"指用云彩烘托月亮的美。这是画画手法。在作文中，此法运用比比皆是。写景要写周围的山、树，甚至天上的云，还可写游客的情景。写人，要写他身边的人，甚至他们生长的家庭环境和社会环境。当然，一定要把握好主次关系，侧面描写的素材绝不能喧宾夺主。

修改稿从不同角度叙述了班级同学、作者、兄弟班级同学观看晚会的感受，以及自己的心理活动，立体全面反映了晚会的精彩纷呈，这叫侧面描写。在写景、写物作文中，笔者也会反复交代这一手法。它能立体全面反映事物的整体面貌，由此可见它的重要性。第一段讲晚会整个事情，增加了全体师生的感受。第二段讲晚会节目单，就在段落开头先入为主叙述自己感受，段落结尾还把笔头对准全班和其他班级同学，也是起到侧面烘托渲染的作用。第四段不仅从班级全体同学的"面"上侧面烘托，还从徐歌和我两个"点"上烘托，既说明了节目的精彩，又主动把自己放进去，更加感染人。这样就把晚会的整体面貌和精彩有力地渲染出来了。

各位妈妈有时间可以和孩子一起阅读刘鹗的《老残游记》中《王小玉说书》一节，从琴师、黑妞和观众多角度、多侧面渲染、烘托、铺垫，最后出场的白妞王小玉才像一轮明月一样出现在观众面前，那么明亮耀眼、动人心目。作者的文法会让你叹为观止、"三月不知肉味也"。

《三只小猪》本身内容已较充实，就简单做些句段合并、文字调整，未做大的改动。

有趣的买卖

（原稿）

星期三的下午，学校举行了一次"跳蚤"书市，我拿出许多好看的书。

刚摆摊，一位大姐姐就用三本《哆啦A梦》换我的《漂亮的女孩夏林果》，我热情地跟大姐姐换了书。我也到我们班的摊子上转了转，看好了一本书。我就问晏晏："你的《乌龙院》卖多少钱？"晏晏说："十元。"我说："太贵了，便宜

有趣的买卖

（修改稿）

几周前，班主任就宣传学校要举行一次有意义的"跳蚤"书市。这是我第一次听说书市活动，可以交换书，还可以做买卖呢！我的心情无比激动，早早就准备好家里的闲置书籍。

终于盼来星期三下午，天气十分晴朗，校园分外热闹。在绿草茵茵的操场上，每班都有一个卖书方阵。小朋友们都在地上摆开书摊，笑容满面做起买卖。有的小朋友还吆喝着："卖书啦，超便宜的好书啊，三块钱、五块钱，都有啊。"还有的小朋友挨个逛书摊，东张西望寻找自己的宝贝。整个书市人头攒动、熙熙攘攘、人声鼎沸，真跟集市似的。

我刚摆好书摊，就有一位大姐姐要用三本《哆啦A梦》换我的《漂亮的女孩夏林果》。我热情地跟

点。"晏晏说："六元。" 我说："再便宜点儿。"晏晏说："这是最便宜的了。"我对晏晏说："你的书太贵了，我不买了。"说着就到别的摊上去买了七本漫画书，两元、三元不等。我在买价的基础上每本提高了五毛钱，同时又非常细心地给顾客介绍书的质量，一边介绍，一边翻内页，保证内页干干净净，完完整整，不到十分钟就全卖了。似乎一转眼工夫，书市就要结束了。我又

大姐姐换了书。我换来自己很喜欢的书后，就准备买一些便宜的书再转卖。我先到我们班的摊子上转了转，看好了同学晏晏的《乌龙院》。这是我很想读的一本书。我问："你的《乌龙院》卖多少钱？"晏晏不假思索地说："十元。"我张大嘴巴吃惊地说："你也太宰人了吧？新书才十几元，太贵了，便宜点，卖吗？"晏晏眯起他那小眼睛又思考了一会儿说："六元，怎么样？"我继续砍价："再便宜点儿吧。"晏晏说："这是最便宜的了。"因为价格超过我的心理价位，我对晏晏说："太贵了，不买了。"说着就到别的摊子上去买了七本漫画书，两元、三元一本不等。我在进价基础上每本提高五毛钱，非常细心地向"顾客"推销书，一边介绍，一边翻内页，保证内页干干净净，完完整整，不到十分钟就全卖了。呵呵，我又赚了三块五毛钱，心里有说不出的高兴。

到晏晏的摊子上看了看，瞅到《乌龙院》还好好地躺在那里。我说："书市要结束了，你的书还不便宜吗？"晏晏立马说："四元，你拿去吧。"我高高兴兴地拿着心爱的书回到家。

到了家里，我把过程说给了爸爸妈妈听，爸爸妈妈夸我已经会做买卖了。

我又不紧不慢来到晏晏的摊子上，哈！《乌龙院》还好好地躺在那里。我说："快要结束了，还不便宜吗？"晏晏立马说："四元，拿去吧。"我说："三块五，行吗？"晏晏爽快地说："好的，成交。"我们非常高兴地做成了买卖。似乎一转眼工夫，跳蚤市场就结束了，我高高兴兴地拿着心爱的书回到家。

到了家里，我把过程说给了爸爸妈妈听。爸爸笑着说："你第一次迈出买卖东西的步伐。这也许是人类的一小步，却是你人生的一大步，相信将来你也能做一个出色的商人。"

可敬的妈妈们：跳蚤市场很有趣。你们的孩子参加过此项活动吗？真心为孩子充满童趣的买卖和经商的头脑点赞。这样的活动特别有意义，既能让学生交换闲置的书籍，又能在学生心中种下做买卖的种子。这样既有趣又有启蒙意义的活动，妈妈们应该鼓励孩子用文字记下这生动有趣的一课。

小朋友们都在地上摆开书摊，笑容满面地做起买卖。

记事和场景描述难点主要在背景和点面结合两个方面。了解和掌握这两点，利于妈妈对照孩子作文有的放矢指导，利于孩子提高认识事物的全面观察能力和立体思考能力。

一是事情背景、关联素材要交代清楚。把事件和场景放置在一个立体环境中，就能让读者对事件和场景有一个全面立体的感受。例如，要描述客厅里的一个杯子，大家怎么去描述刻画呢？首先对杯子本身的大小、颜色、造型、质地等角度描述是必不可少的。如果仅停留在这些角度，还不能把杯子的立体感展现出来。大家还可以从杯子的来历背景、客厅环境、杯子外的故事等方面做一定补充交代和烘托。杯子就是一个立体化的杯子了。就像写人，大家不仅要对人物本身的外貌、语言、动作等做生动形象刻画，还要在适当时机交代其生活背景，包括生长的自然环境、社会环境，在这样背景的立体烘托下，人物形象才能丰富丰满不干瘪。当然，要根据文章的需要处理好详略关系，不能喧宾夺主。这一点要把握得恰到好处。

二是点面结合。点面结合是作文基本方法。"面"的交代给"点"创造广阔深远立体化的空间。例如，描绘大街、超市等热闹场景，不仅要有个别场景或人物的描述，也要有整个场景总体特点概述，才是符合交代事物的思维方式。

原稿基本把事情讲清楚了，比较自然流畅地写出了作者第一次参加跳蚤市场的快乐经历，特别写出了买卖过程中的趣味。不足之处有：

一是开头交代不到位。本文开头只说"星期三的下午，学校举行了一次'跳蚤'书市，我拿出许多好看的书"，至于为什么忽然要举办这个跳蚤书市，我做了哪些准备工作，自己对这个书市有哪些突出的心理活动，这些都没交代，让文章开头显得突兀、单薄和疏漏，缺乏点缀和渲染。希望各位妈妈能够给予孩子恰当的开头指导。万事开头难，作文就是如此。

二是主体有点无面。第二段是主体，主要写一位大姐姐换了我一本书、我找晏晏买了一本书、我卖出了几本自己购买的书。整个书市状况、大家选书情景、当天天气情况、我的心情如何等，都缺少必要交代，显得孤单，机械呆板。这和场景描绘、写景手法有相同之处，先有面的描写，再做点的刻画，才能符合人们观察事物的正常思维习惯，也可以达到大中见小、小中见大、大小协调、前后呼应的效果。

三是细节刻画不丰富。原文人物对话干巴，没有适当穿插人物的外貌、神态、动作、心理等描写，对话就是对话，买书就是买书，没有交融映衬的叙述，降低了可读性和生动性，没有充分展示本来想表达的趣味性。

四是缺乏境界提炼提升。作为首次参加买卖活动，作者应该有全新的心理感受和人生体验，并对人类经济生活中的买卖产生必要的认识，主动与自己的人生成长联系起来，就会让本次活动更有意义。原稿只在结尾说"到了家里，我把过程说给了爸爸妈妈听，爸爸妈妈夸我已经会做买卖了"，显得就事论事、蜻蜓点水，没把深层次的心理感受充分表达出来。孩子写作文，叙述完一件事，要尽可能看到事情背后所蕴藏的深刻含义，让事情更有意义、价值和启发。这就是文章的点睛之笔，就是文章的内蕴魅力，就是文章的升华提高。否则，仅仅就事说事，容易流于肤浅，减少感染力。

五是细节交代不紧密。原文因为叙述简单，部分应该交代的细节没写清楚，读起来就让人感觉前后缺少连贯，甚至有些莫名其妙。比如："星期三的下午，学校举行了一次'跳蚤'书市，我拿出许多好看的书。"我拿出许多好看的书是干什么的，没有讲清楚，看到后文才知道是参加书市交换或做买卖。

修改稿针对原稿不足做了相应完善，前面做了铺垫和渲染，增加书市当天整体环境内容，增加与同学晏晏交易的细节和自己要的"小手段"，丰富自己参加书市的心理活动，并在结尾总结自己的经验收获，就让文章显得有头有尾、有点有面，有血有肉、有滋有味。主要调整如下：

一是开头交代背景。按照常理，学校组织"跳蚤"

书市，通常都有一个组织动员过程，统一安排各个班级发动同学们积极带着自己的闲置书籍参加活动。这就是背景资料，需要提前适当交代。同学们参加这种集体交易活动，既可以消化自己的闲置书籍，又可以换来心仪的好书，因此应该表现出高兴的心情。不太可能老师一声吆喝，大家背起书包就跑到操场上摆起书摊。这是需要大家注意的，叙述事情要照顾前因后果、前后关系、符合常理，保持内在联系，便于阅读和理解，避免东一榔头西一棒槌。

二是补充书市整体概括。修改稿补充了天气情况、举办地点、各班级书摊、其他小朋友买卖书情景、整场人气等内容，让人对整个书市有个大概印象，知道今天天气很好、参加同学很多、有很多书可以选择、大家都很开心。这样就从不同角度立体化全面化描绘了书市环境，给人身临其境的感觉。背景交代和整体环境的概括，一下子就给作文披上外在的彩衣，同时也注入内在的活力。

三是丰富重点内容细节。原稿主体部分说了和大姐姐换书、购买《乌龙院》和"倒卖"旧书三件事。其中，购买《乌龙院》费了一点周折，因此就在此细致刻画双方的斗智斗勇和言语神态，生动反映作者以理想价格获得好书的喜悦心情，也让文章充满欢乐的氛围。我们读完后，也禁不住与作者一起分享这种快乐。

　　四是结尾增加爸爸的鼓励。爸爸的鼓励其实是点睛之笔，是思想感悟和主题升华之笔。爸爸妈妈是孩子成长的引路人，在孩子的成长活动中，要善于把事物背后的道理分享给孩子，让孩子认识到交易活动给自己成长过程中带来的感悟，获得个人美好向往和价值追求。这就让本次活动成为有憧憬、有快乐、有磨合、有收获、有感悟、有意义的事情，有形和无形扩大本次活动的成果，也给读者收获有益的启迪。

逛超市

（原稿）

星期六的上午，妈妈带我去逛红苹果超市。我们进了超市，里面人来人往，有一些小朋友看到什么拿什么。超市里，有许多食品，有一些是补充营养的，吃了对我们有好处；还有一些是零食，吃了对我们健康有害。妈妈常常对我说少吃零食。超市里每一位服务员都那么热情、细心。我看见超市里有许多月饼，顿时想起了明天是中秋节，我们买了许多

逛超市

（第二稿）

星期六的上午，阳光灿烂，妈妈带我去逛红苹果超市。

刚进门，真是人来人往啊！上了二楼，只见有的小朋友在聚精会神地看书，有的在精心挑选自己喜爱的玩具。玩具区里有可爱的卡通玩具、勇敢的大头娃娃，而我最喜欢的就是卡通娃娃。它的脸红通通的，小小的嘴巴，圆圆的眼睛，看起来特有精神。这样的卡通娃娃谁能不喜欢呢？

上了三楼，只听叫卖声此起彼伏，吸引很多的顾客，排着长长的队争着购买。我被蛋黄月饼吸引住了。蛋黄月饼圆圆的，口味很香，尤其是里面的咸鸭蛋黄，是我的最爱。我又急切地来到零食区，有清凉可口的饮料，香甜酥软的棉花糖，香辣脆嫩的薯片……挑得我眼花缭乱。我常

月饼，口味多多。超市逛完了，我和妈妈开开心心地回家了。

常被妈妈拉着衣服才依依不舍地离开。

每次我逛超市，都是满载而归。

逛超市

（第三稿）

星期六上午，阳光格外明媚。我也格外兴奋，因为妈妈要带我去逛红苹果超市了。

红苹果是市区最大的超市，共有三个楼层，每个楼层都摆满丰富多彩的商品，真是应有尽有，还有进口食品呢！这里是小朋友的乐园，当然，也是我的最爱了。

超市里人流如潮，我们直奔二楼玩具区。那里是我最喜欢的地盘了，已经有许多小朋友聚集在那里。有的小朋友在聚精会神地看书，有的在精心挑选自己喜爱的玩具。玩具区里宝贝真是琳琅满目，个个逼真形象，拿了都爱不释手。有可爱的卡通娃娃、勇敢的孙悟空、酷帅的汽车……我非常喜欢卡通娃娃，它的脸红通通的，小小的嘴巴，圆圆的眼睛，看起来特有精神。这样的卡通娃娃谁能不喜欢呢？

我们又上了三楼食品区，只听叫卖声此起彼伏，吸引很多顾客排着长队争着购买。我被蛋黄月饼吸引住了。

SALE 20%

APPLE

milk

我买到了我喜欢
的名人书籍、可爱的卡
通娃娃、美味的蛋黄
月饼、辣脆薯片……
真是满载而归，开心
极了。

蛋黄月饼圆圆的，口味既咸又香，馅料咸鸭蛋黄对我诱惑最大。我们急切地来到零食货架，有清凉可口的饮料、香甜酥软的棉花糖、香辣脆嫩的薯片……挑得我眼花缭乱。我常常被妈妈拉着衣服才依依不舍地离开。

今天，我买到了我喜欢的名人书籍、可爱的卡通娃娃、美味的蛋黄月饼、辣脆薯片……真是满载而归，开心极了。

可敬的妈妈们：逛超市、买东西是孩子非常喜爱的活动，也是作文经常涉及的题材。这类作文既好写又不好写。好写是因为孩子都有丰富经历和生动感受，比较容易找到切入口，落笔有话可讲，不容易词穷，实在不行就多点点商品以及购买心仪商品之后的高兴心情，总能写出几段生动活泼的文字。不好写是因为要把习以为常的活动写出特点，写得有趣味，写得出色出彩，并非一件容易的事情。原稿总体平淡无奇、平铺直叙、机械罗列，缺少内在联系、生活情感及儿童应有的跳跃欢动，仿佛了无生趣的人在生搬硬套自己逛超市的场景，没有一个突出的重点，也看不到孩子应有的欢乐情绪，好似为完成任务而拼凑的应景之作。

例如："星期六的上午，妈妈带我去逛红苹果超市。我们进了超市，里面人来人往，有一些小朋友看到什么拿什么。"这两句话平铺直叙。"超市里，有许多食品，有一些是补充营养的，吃了对我们有好处；还有一些是零食，吃了对我们健康有害。妈妈常常对我说少吃零食。"这几句也平铺直叙，可能受妈妈平时说教的影响。"超市里每一位服务员都那么热情、细心。"这句话写服务员，放在零食和下一句月饼内容中间，显得不伦不类、没话找话、分散主题。"我看见超市里有许多月饼，顿时想起了明天是中秋节，我们买了许多月饼，口味多多。"这几句话显得苍白空虚，该强调的反而没有强调，属于记叙文中重点不突出、"流水账"式典型案例。"超市逛完了，我和妈妈开开心心地回家了。"没看出来到底在哪个环节开心了，前面缺少开心内容的支撑，后面再说开心就不动人。通过上述剖析，写作文需要首先确定主题，善于围绕主题逐次渲染、构思情节、选取素材、寻找角度，以求达到最佳视角和生动感人的效果。

第二稿较原稿从内容到结构，从环境渲染到感情表达，都丰富生动得多，出现很多积极变化。

首先，增加写景元素。开头用"阳光灿烂"烘托自己逛超市之前轻松愉快的心情。这就不再是就逛超市写逛超市，而是开始意识到环境氛围对于侧面烘托自己欢快心情的积极作用。表达自己心理感受，除直接描述心理本身活动外，还可通过所见所感的外在环境烘托自己心情，就能让内容更加丰富细腻、耐人寻味。

其次，能够自然铺展场景。第二稿分别写了二楼和三楼两个楼层的商品场景。二楼写了书籍文化、玩具，着重写了自己非常喜欢的卡通娃娃。三楼写了吸引自己的蛋黄月饼以及部分零食。小作者能够集中笔墨突出描写卡通娃娃和蛋黄月饼，丰富了细节描写，增加了感染力。如果想增加篇幅及内容细腻度，就可按此方法再写其他楼层商品场景，也就是高年级大作文。小作文中的"大"与大作文中的"小"是紧密联系、相互转化的。

第二稿有没有需要改进的呢？

首先，注意点面结合。写各楼层场景可以先说说整体商品情况，然后围绕自己感兴趣内容集中阐述几个点，就会让作文层次清晰、内容充实。"点面结合"在每种文体中都要灵活运用。笔者在《有趣的买卖》中也有阐述，请大家参阅。妈妈们在生活中要努力培养孩子在全面视角中看问题、讲事件、学描写。思维开阔、视角全面，作文才会大开大合。

其次，注意丰富结尾。第二稿"每次我逛超市，都是满载而归"和原稿"超市逛完了，我和妈妈开开心心地回家了"都用一句话轻描淡写，显得语焉不详、不到位。

第三稿更加成熟，值得肯定的有：

第一，先总后分写法。第三稿先综述三个楼层，然后重点写二楼和三楼购物情景，属于先总后分结构。这种文章结构比较符合人们认知习惯，也利于设计段落结构，容易做到层次分明。写作文要善于围绕主题先写一个总的印象、感受、判断或概括，再分别从几个角度叙述，就容易把事情说得明白、出色、有精气神。我们到哪里，往往是先看到总体，然后才见局部。只写局部，不写整体，文章缺乏大气；只写整体，不写局部，文章缺乏看点。这种笔法同样适用于各种体裁文章，包括职场材料。这就需要孩子从学校阶段有意培养，将来自然可以取得水到渠成之效。

第二，补叙超市规模。为什么孩子喜欢到这个地方？就是因为地方大、东西多。这一交代让文章更加大气、丰富。在点到某个事物的时候，有时需要拓展一下，宕开一笔去写，虽然不是文章主体，但作用不可估量。这种笔法虽然有点难，但是也要学会哦。这一方法在《陪小鸡玩》中也有介绍，可以前后比较揣摩。孩子若善于比较前后不同之处，总结体会每次修改作文过程中的变化，就会慢慢找到写作的技巧和窍门，不知不觉间潜移默化提升自己的表达能力。在阅读其他同学作文的时候，孩子同样需要积极比较差异、找出规律、学习方法，主动消化吸收，丰富自己的表述方式。

第三，语言轻松活泼。成语随手拈来，如人流如潮、聚精会神、眼花缭乱等。四字词语运用得体，既能突出事物的特点，又可增添语言的丰富性，如爱不释手、清凉可口、香甜酥软、满载而归等。

　　第四，增加细节描写。第三稿增加部分购物细节描写，让内容更加充实动人，比较典型的是"我常常被妈妈拉着衣服才依依不舍地离开"。这看似不起眼的句子魔力非常大，进一步表现零食区的强烈诱惑力，要别人拉着才很不情愿地离开。这是多大的磁场啊。这一句话可谓力鼎全篇哦。细节描写就是生活中很细腻微小的一个动作、一个眼神、一个心理、一个情节等。"被妈妈拉着衣服"是很细腻的一个动作，却被小作者捕捉到了。它就像你头上的发卡、衣服上的挂饰、脖子上的项链，虽然是一个细节、一个点缀，但它可以让你变得更加可爱，更显灵动，更有内涵。

　　还有一个围绕中秋节主题深化的第四稿。第四稿进一步突出中秋节日主题，在二楼玩具描写对象中增加嫦娥奔月、吴刚伐树等卡通玩具，在三楼食品区重点介绍购买月饼情况，分别有条不紊介绍了包装款式、风味特色、馅料品种、月饼名字、月饼文化以及自己选购品种等方面内容，生动形象展示了月饼的丰富情景、喜庆的中秋团圆文化以及自己的愉快心情，同时表达了自己的美好向往。这一稿虽然突出中秋特色，但与原稿差别较大，现收录供大家参阅，不做细评。

逛超市

（第四稿）

星期六上午，阳光格外明媚。明天就是中秋节了，又到吃月饼、赏月的团圆佳节啦。我也格外兴奋，因为妈妈要带我去逛红苹果超市了。

红苹果是市区最大的超市，共有三个楼层，每个楼层都摆满丰富多彩的商品，真是应有尽有，还有进口食品呢！这里是小朋友的最爱，当然，也是我的最爱了。

超市里人流如潮，我们直接奔向二楼玩具区。那里是我最喜欢的地盘了，已经有许多小朋友聚集在那里。有的小朋友在聚精会神地看书，有的在精心挑选自己喜爱的玩具。玩具区里的宝贝真是琳琅满目，个个逼真形象，拿了都爱不释手。有可爱的卡通娃娃、勇敢的孙悟空、奔月的嫦娥、伐树的吴刚、捣药的玉兔、酷帅的汽车……我非常喜欢卡通娃娃，它的脸红通通的，小小的嘴巴，圆圆的眼睛，看起来特有精神。这样的卡通娃娃谁能不喜欢呢？我当即选了吴刚伐树和玉兔捣药两个卡通玩具。

我们又上了三楼食品区，只听叫卖声此起彼伏。今天主要任务是采购月饼。我和妈妈直奔月饼展销区，只见展台上摆放着各种各样的月饼，有很多孩子和大人在选购。我前前后后转了一下，感觉今年月饼种类真多啊。

包装款式很多，有散装零称的，有包装纸简装的，有精致礼盒装的……五颜六色，喜气洋洋；特色风味也较齐全，有广式的、苏式的、徽式的、京式的……馅料更加丰富，有紫薯山药的、玫瑰豆沙的、蛋黄莲蓉的、奶油椰蓉的、干果五仁的、糖醇芝麻的……让人目不暇接、垂涎欲滴。这些月饼名字也充满祥瑞之意，例如双喜伴月、迎月纳福、好事成双、喜运连连等，让人见了就心生欢喜。月饼又称团圆饼，寓意团团圆圆。妈妈问我意见，我毫不客气地选了蛋黄莲蓉、奶油椰蓉两种。这两种口味是我的最爱，名字好事成双、喜运连连也很让我喜欢。我希望我们一家幸福满满、不断有好事情进门。

今天，我买到了我喜欢的名人书籍、可爱的卡通娃娃、诱人的月饼……真是满载而归，开心极了。

快乐的中秋节

（原稿）

"叮咚，叮咚。""谁啊？"我猜想应该是妈妈回来了。我从猫眼洞里看了看，真的是妈妈回来了。我连忙开了门。

在沙发上看书的爸爸说："今晚月色不够好，我们就在家办一个家庭中秋晚会吧。"我高兴地说："好啊，好啊！"

我先将月饼拿了出来，我早就对蛋黄月饼垂涎欲滴了，爸爸一直没让我吃个够。爸爸让我把月饼切成小块，作为奖品用。接着我自告奋勇，要先出几个脑筋急转弯题目。

我说："嫦娥为什么要到月亮上去？"

爸爸妈妈鸦雀无声。

快乐的中秋节

（第二稿）

"叮咚，叮咚。""谁啊？"我终于把妈妈盼回来了，连忙从猫眼洞里看了看，真的是妈妈回来了。

我一直盼望着中秋节快快到来，能和爸妈一起到郊外赏月吃月饼。可是，今晚没有明朗的月亮，天空一片灰蒙蒙的，几乎扫了我的兴致。

在沙发上看书的爸爸说："今晚月色不够好，我们就在家举办一个家庭中秋晚会吧。"我高兴地说："好啊，好啊！"

早就对蛋黄月饼垂涎欲滴的我急忙将月饼拿了出来，将其切成小块，作为奖品用，并自告奋勇先出几个脑筋急转弯题目。

我急忙公布答案："因为如果到太阳上就会被烤焦呗。"我得了一小块月饼吃了，好香！

爸爸妈妈不服输，我只好再出一道题："玉兔为什么要捣药？"

妈妈抢答道："为了制长生不老药呗。"

爸爸说："它要努力工作呗。"

我说："因为它吃了胡萝卜拉稀呗。"爸爸妈妈听了都笑喷了，妈妈指着我的脑袋说："你脑子里都装了什么乱七八糟的东西。"

好，这一局，大家都赢了，每人一块。

我又说："吴刚在月亮上干什么？"

爸爸说："他在看着我们一家人答题吃月饼呗。"

"你脑筋转得怪快

我说："嫦娥为什么要到月亮上去？"

爸爸妈妈鸦雀无声。

我急忙公布答案："因为如果到太阳上就会被烤焦呗。"我得了一小块蛋黄月饼，美滋滋地吃了，好香！

爸爸妈妈不服输，我再出一道题："玉兔为什么捣药？"

妈妈抢答道："为了制长生不老药呗。"

爸爸说："它要努力工作呗。"

我说："因为它吃了胡萝卜拉稀呗。"爸爸妈妈听了都笑喷了。妈妈指着我的脑袋说："你脑子里都装了什么乱七八糟的东西。"

好，这一局，大家都赢了，每人一块。

我又说："吴刚现在月

的。"奖励你一块，妈妈说完就塞了一块月饼在爸爸的嘴里。爸爸毫不拒绝地吃了。

妈妈说："他是干办公室工作的呗。"我感觉很奇怪，问妈妈为什么会这样答题。妈妈说："你的问题里也包含他干什么工作哦，而且吴刚干的是永无休止的工作，天天砍树，树天天在长，就像你爸，整天有忙不完的事情，所以，我就说他是干办公室工作的。"

我听完妈妈的解释，觉得妈妈的脑筋真好使，还顺便发泄了一下牢骚，挖苦了一下爸爸。爸爸在一旁无话可说。

我公布了我的答案："罚跪。"爸爸妈妈连问为什么。

亮上干什么？"

爸爸说："他在看着我们一家人答题吃月饼呗。"

"你脑筋转得怪快的，奖励你一块。"妈妈说完就塞了一块月饼在爸爸嘴里。爸爸一点也没客气就吃了。

妈妈说："他是干办公室工作的呗。"我感觉很奇怪，问妈妈为什么会这样答题。妈妈说："你的问题里也包含他干什么工作哦，吴刚干的是永无休止的工作，天天砍树，树天天在长，就像你爸，整天有忙不完的事情，我就说他是干办公室工作的。"

我听完妈妈的解释，觉得妈妈的脑筋真好使，还顺便发泄了一下牢骚，挖苦了一下爸爸。爸爸在一旁无话可说。

我公布了我的答案：

我说："因为这个罚跪和吴刚砍伐桂树是谐音啊！"

爸爸说："这个急转弯有内涵，好！男人不听话，就该罚跪，而且要罚跪键盘、洗衣板。我们为熙颜小乖的答案热烈鼓掌。"

我说："我觉得还是妈妈答得最好，获得大块的月饼，我们俩就来个小的吧。"

第二轮是朗诵徐志摩的《再别康桥》。妈妈很会处理情感，一进入诗中，她就有感觉了。我和爸爸都沉浸在妈妈动听的声音之中了。

第三轮是爸爸转呼啦圈。我爸爸是个滑稽搞笑的人，家里有了他，就会充满温馨的笑声。这不，他挺着大肚子转，还能带

"罚跪。"爸爸妈妈连问为什么。

我说："因为这个罚跪和吴刚砍伐桂树是谐音啊！"

爸爸幽默风趣地说："这个急转弯有内涵，好！男人在家不听话，就该罚跪，而且要罚跪键盘、洗衣板。我们为熙颜小乖的答案热烈鼓掌。"

我说："我觉得还是妈妈答得最好，奖励大块月饼，我们俩就来个小的吧。"

第二轮是朗诵徐志摩的《再别康桥》。妈妈很会处理情感，一进入诗中，她就有感觉了。我和爸爸都沉浸在妈妈动听的声音之中了。

第三轮是爸爸转呼啦圈。爸爸是个滑稽搞笑的

着呼啦圈走着转，最后还来了个高潮，为我们表演脖子转。我和妈妈笑得前俯后仰。

时间过得真快，转眼已经八点了，这真是一个快乐的中秋节。

人。家里有了他，就会充满温馨的笑声。这不，他挺着大肚子转，还能带着呼啦圈走着转，最后还来了个高潮，为我们表演脖子转，把我和妈妈逗得前俯后仰。

这一个中秋节是不是很不同寻常呢？

可敬的妈妈们：这是一个与众不同的中秋节。各位妈妈还真要多搞一搞这样的家庭活动，既在潜移默化中增强了孩子对传统文化的理解，又在轻松活泼氛围中给孩子创造了融洽的家庭生活气息。

原稿是一篇好作文。好在哪里呢？

好在主题鲜明。作者围绕快乐主题生动活泼地写出了一家人欢度中秋的快乐气氛和其乐融融的生活情景。

好在层次分明。作者通过脑筋急转弯一个环节接一个环节，段落清晰，层次错落，紧凑连贯，一气呵成，清清爽爽。

好在语言流畅。文中人物对话、情景描述、氛围营造、"包袱"预设以及角色分配等方面都显得流畅自然、生动形象，表现出较强的语言驾驭能力。

我说："我觉得还是妈妈答得最好，奖励大块月饼，我们俩就来个小的吧。"

好在内涵丰富。作者围绕中秋节主题叙述嫦娥奔月、玉兔捣药、吴刚伐桂等急转弯题目，自然融入中秋节历史文化，表现出作者家庭丰富的文化内涵，也让文章更有文化内涵。这种将传统文化与文章主题水乳交融的笔法值得大家学习借鉴。孩子写什么主题的作文，就可以紧紧围绕这个主题挖掘提炼相近历史文化，有机融入文章情节，促进文章主题更集中，内涵更丰富，更加感染人。相反，如果离开主题选择历史文化素材，就会有生拼硬凑、形神涣散的不足。

好在主角突出。全文以作者为中心错落有致安排爸爸妈妈的角色，文中所写的人和事情都是作者眼中所见，心里所感，显得真实贴切。写作文视角基点选择很重要，基点选好了，才能准确选择素材。一旦选择某一视角基点，就应以此基点为观照点谋篇布局、选择素材，保证真实贴切、生动自然。比如，本文作者以第一人称视角，文中所写皆是自己所见所感所盼；如以爸爸或妈妈第三人称视角，文中所写应都为他们所见所感所盼。当然，在一些小说、散文等文学作品中，也可以不断变换视角，以取得多角度、多层面的对比效果，相互烘托渲染。

好在个性鲜明。写作文要善于发现事物的特点、亮点和缺点，根据作文主题表达需要恰如其分地表达出来，就会让人物各有特色，活灵活现。本文注意找准我和爸爸妈妈的不同特点，再结合各自特点安排不同内容，使得人物、对话、动作等都比较符合人物的特点。文中的"我"是什么特点呢？性格活泼、反应快、嘴巴快、知识丰富，还能看出在家里具有一定的"中心"地位。妈妈呢？家务承担多，对爸爸无休无止忙于工作疏于家务还有一点微词，当然还有一定文化格调。爸爸呢？基本属于"猪八戒"角色，幽默生动，自我解嘲，勇于承担玩呼啦圈这类令人捧腹的体力活，给两位女士增加中秋的快乐，虽然是配角，但是属于喜剧角色。大家想象一下，如果让爸爸朗诵诗歌，让妈妈玩呼啦圈，喜剧效果就会大打折扣，降低了对比冲突美。

第二稿仅从两个方面修改。

一是开头第二段顺势交代一下中秋月色和自己失落的心情，为下文在家开中秋晚会做了铺垫，也和后文别具一格的中秋晚会形成一个对比。结尾用反问句式，既加强了语气，增强了情感，又渲染今年中秋节别具一格的快乐。结尾要学会顺势而发，力求新意，原稿结尾有点俗套。

二是梳理明晰主谓宾关系，规范部分标点，保证句意完整、符合语法。这里不再细点，请大家对照阅读参考。

此外，还有另一篇修改稿，不妨拿来比较对照一下，对各位妈妈辅导孩子作文还是有一定启发意义的。

快乐的中秋节

（第三稿）

今天是中秋节，太阳还未落山，一轮大大的圆月就挂上天空。小区里很多人家的厨房灯火辉煌，不用说，都在忙着欢度中秋佳节呢。

"叮咚，叮咚。""谁啊？"我想应该是妈妈回来了，急忙从猫眼洞里看了看，确认是妈妈后，连忙开了门。

在沙发上看书的爸爸说："我们就在家办一个家庭中秋晚会吧。"我高兴地说："好啊，好啊！"

我和妈妈在厨房迅速地搞出几个小菜。一家人其乐融融围坐到桌边。早就对蛋黄月饼垂涎欲滴的我将月饼拿了出来，并切成小块，作为奖品用。我自告奋勇，先出几个脑筋急转弯题目。

我说："嫦娥为什么要到月亮上去？"

爸爸妈妈鸦雀无声。

我急忙公布答案："因为如果到太阳上就会被烤焦呗。"我得了一小块蛋黄月饼，美滋滋地吃了，好香！

爸爸妈妈不服输，我再出一道题："玉兔为什么捣药？"

妈妈抢答道："为了制长生不老药呗。"

爸爸说："它要努力工作呗。"

我说："因为它吃了胡萝卜拉稀呗。"爸爸妈妈听了都笑喷了。妈妈指着我的脑袋说："你脑子里都装了什么乱七八糟的东西。"

好，这一局，大家都赢了，每人一块。

我又说："吴刚在月亮上干什么？"

爸爸说："他在看着我们一家人答题吃月饼呗。"

"你脑筋转得怪快的，奖励你一块。"妈妈说完就塞了一块月饼在爸爸嘴里。爸爸一点也没客气就吃了。

妈妈说："他是干办公室工作的呗。"我感觉很奇怪，问妈妈为什么会这样答题。妈妈说："你的问题里也包含他干什么工作哦，吴刚干的是永无休止的工作，天天砍树，树天天在长，就像你爸，整天忙不完的事情，我就说他是干办公室工作的。"

我听完妈妈的解释，觉得妈妈的脑筋真好使，还顺便发泄了一下牢骚，挖苦了一下爸爸。爸爸在一旁无话可说。

我公布了我的答案："罚跪。"爸爸妈妈连问为什么。

我说："因为这个罚跪和吴刚砍伐桂树是谐音啊！"

爸爸幽默风趣地说："这个急转弯有内涵，好！男人在家不听话，就该罚跪，而且要罚跪键盘、洗衣板。我们为熙颜小乖的答案热烈鼓掌。"

我说："我觉得还是妈妈答得最好，奖励大块月饼，我们俩就来个小的吧。"

第二轮是妈妈深情朗诵宋朝苏东坡的《水调歌

头·明月几时有》。妈妈很会处理情感，一进入诗中，她就有感觉了。我和爸爸沉浸在妈妈动听的声音演绎的宋人词境之中了。"但愿人长久，千里共婵娟"，写得多好啊。

第三轮是爸爸转呼啦圈。爸爸是个滑稽搞笑的人。家里有了他，就会充满温馨的笑声。这不，他挺着大肚子转，还能带着呼啦圈走着转，最后还来了个高潮，为我们表演脖子转，把我和妈妈逗得前俯后仰。

这真是一个快乐的中秋节。

第三稿改动了开头月亮和朗诵作品名称，对此大家有不同意见。本文在《秘书的秘书》读者群分享后受到讨论关注。

一位大学老师提出以下意见：

第三稿考虑得很周全。有几点思考：比如大环境添加成"天上有圆月"，无论是真实还是虚构或者变化，这一环境特别符合记叙文时空设定，大氛围烘托中秋氛围。从学生情况看，写作能力一般的小学生估计难以实现，可能会为办家庭晚会找个月色不好的理由。这在教学上是个难题。但是，这个改动对小学写作教学很有启发性。其次，关于朗诵问题，从孩子认知看，可能妈妈确实朗诵《再别康桥》了，但为强化主题改成《水调歌头·明月几时有》了。

另一位网友使用机器人评估原稿与第三稿，发现机器人给第三稿打的分数比原稿低，认为人工智能机器人对原稿的评语和对第三稿的评语比较符合文章实际。

一位小学教师认为：修改稿肯定更有内涵，但对小学生来说，原稿开头手法相对新颖，文章更活泼，不落俗套。

笔者也赞同以上观点。指导孩子作文首先要尊重客观事实，在事实基础上引导孩子合理运用作文手法，写出有趣有神有灵魂的作文，而不能说假大空俗套话。假大空不仅影响孩子的作文灵魂，还影响孩子的做人本质。原稿中爸爸说晚上月色不好，在第三稿中第一段却改成"一轮大大的圆月就挂上天空"，显然是违背事实，会让孩子无所适从。第二稿则不然，根据爸爸说月色不好的信息，在第二段中描写渲染了中秋之夜环境，影响自己赏月吃月饼的美好情绪，既和第一段写孩子急切等待妈妈回来的心情自然切合，也和第三段爸爸顺理成章建议在家开中秋晚会有机衔接。

这次晚会显然是临时举办的，在节目安排上可能具有随意性，但不影响全家欢度中秋的快乐气氛，不影响本篇作文的事件选取。如果是一场精心准备的晚会，第三稿把它改成朗诵宋朝苏东坡的《水调歌头·明月几时有》，可能更切合中秋晚会节气特点。

各位妈妈，这样的讨论是不是让大家在指导孩子作文上又多了一些启发呢？

这里需要特别提一下的是人工智能软件修改作文事宜。笔者并不建议大家依赖这类智能软件给孩子修改作文，避免陷入机器依赖窠臼，更不能养成软件评改依赖症。作文写作和修改都是集中高度心理活动、智慧思考和情感表达的综合脑力运动，具有极强的主观能动性和智慧创造性，好坏优劣不可能通过改稿软件作出恰如其分的准确评价。智能软件评价可能存储了若干样板文章作为基础校验数据模型，其分析、判断和评价基本基于一些固化的"标尺"，不能代替人的创意和思考。暂时不太可能成为锻炼作文能力的可靠工具。

养猫家庭会议

（原稿）

我一向是喜爱小动物的人，当然是可爱的，而不是鳄鱼、蜥蜴一类可怕的、令人毛骨悚然的动物。

虽然妈妈支持我养，可是，以前养过两只小狗死于非命。再说那两只乌龟，把乌龟的精气神都养没了，只好送给富有经验的徐大超了。

这次家庭会议，就是讨论该不该养猫。

我先抢先一步，将心肠善良的妈妈给说动了，我以二比一，先占优势，不禁沾沾自喜。可爸爸极力反对，说："小动物放家里脏

养猫家庭会议

（修改稿）

我一向喜爱小动物，当然是喜欢可爱类型的，而不是鳄鱼、蜥蜴等令人毛骨悚然的可怕动物。

妈妈虽然支持我饲养小动物，但是由于我以前养过的两条小狗都死于非命，还把两只乌龟的精气神养没了，不得不送给有经验的徐大超。妈妈对我饲养小动物也不太热情了。

这次家庭会议，就是讨论该不该养猫这个问题。

我抢先一步将心地善良的妈妈给说动了，以二比一先占优势，不禁沾沾自喜。可是，爸爸极力反对，说："小动物放家里脏死了，不行。"

我不等爸爸说完就表态："我来整理。"

"不行！你哪里有时间？

死了，不行。"

我说："我来整理。"

"不行。你哪里有时间？自己都不知道要谁来整理呢。"爸爸严肃地说。

我反击："养小动物多开心啊，它们都非常惹人喜欢。"

"说不行就不行。猫也需要自己的朋友，如果你整天把它关在家里，它会觉得十分烦闷，这样你于心何忍？"爸爸像包公似的，脸上没有一丝风吹草动。

说到这里，我心里有一丝不忍。是啊，爸妈都上班，我又上学，把猫独自关在家里，猫是很寂寞的。

妈妈说道："你爱

自己都不知道要谁来整理呢。"爸爸严肃地说。

我诱惑道："养小动物多开心啊，它们都非常惹人喜欢呢。"

"说不行就不行。猫也需要自己的朋友，如果你整天把它关在家里，它会觉得十分烦闷，你于心何忍？"爸爸像包公似的，脸上没有一丝风吹草动。会前妈妈说过，爸爸小时被狗咬过，对猫狗深恶痛疾，说服他，要有三寸不烂之舌。看到爸爸包公似的脸色，我的小心脏退缩了一半。

妈妈顺水推舟说："你爱猫，就要真正爱它，它的天地是在广阔世界，就像小鸟，我们虽然喜欢，但不能剥夺它自由飞翔的权利。如果我们把你关在家里，你会快乐吗？"

听了妈妈的一番话，我的小心脏有一丝不忍了。是

猫就要真正地爱它，它的天地是在广阔的外面世界，就像小鸟，我们虽然喜欢，但不能剥夺小鸟自由的飞翔。如果，我们把你囚禁在家里，你会快乐吗？"

我无话可说了。

"爱猫就要给它自由的空间。其实我早就想好了，一定要先考上好的大学，再当画家，一幅画卖好几十万，买别墅，养十只狗，五只猫，有实力，再养个大熊猫！不错吧。"我说。

爸爸妈妈扑哧笑了。

妈妈说："小乖，你不如立志去开个动物园吧。"

"那也不是不可能的。"我说。

啊，爸妈都上班，我又上学，把猫独自关在家里，猫会很寂寞的。

见到妈妈不跟我统一战线了，我也当即顺水推舟道："爱猫就要给它自由的空间。其实我早就想好了，一定要先考上好的大学，再当画家，一幅画卖好几十万，买别墅，养五只猫猫、十条狗狗，有实力，再养个大熊猫！不错吧。"我满是委屈又不无打趣地说道。

爸爸妈妈扑哧笑了。

妈妈调侃我说："小乖，长大后你不如开个动物园吧。"

"那也不是不可能的。"说完，我嘟着嘴，乖乖地回去写作业，为我一个别墅、五只猫猫、十条狗狗、一只大熊猫的伟大梦想努力奋斗。

听了妈妈的一番话，
我的小心脏有一丝不忍了。
是啊，爸妈都上班，我又
上学，把猫独自关在家里，
猫会很寂寞的。

可敬的妈妈们：对比原稿和修改稿，大家看出写对话文章的门道了吗？让我们一起走进美丽的对话世界吧。

原稿将家庭会议写得有声有色、有滋有味、有进有退，语言流畅生动，对话处理恰到好处，说理针锋相对中见理解退让，在有序退让中又见观点碰撞，在观点碰撞中不失时机展示作者的美好向往，让我们见到了一位有理想、有个性、有自信的主人公形象，从中还能见到和谐民主的家风氛围。

不过，原稿表现手法不够丰富娴熟，内容还显得单薄瘦弱些。修改稿未动原稿结构，结合对话作文基本手法，对部分内容适当润色和优化完善。

一是神态动作配角法。语言对话描写是表现人物性格、推动情节发展、表现中心的重要内容，而神态、动作和心理描写的配合，也是不可缺少的哦。原稿中也不乏此种手法，如"沾沾自喜""严肃""像包公似的，脸上没有一丝风吹草动"都很好地体现了小作者运用神态描写的笔法和内在功力。在修改稿中，补充几个单薄瘦弱的地方，如："我不等爸爸说完就表态""我的小心脏有一丝不忍了""我满是委屈又不无打趣地说道""调侃""我嘟着嘴，乖乖地回去写作业"等神态、动作和心理描写，能更好刻画人物的性格，让人物形象如在眼前。这一功夫，妈妈们要教育孩子慢慢学会捕捉到语言后面所隐藏的含义。在看一些动画片时，大家也可以用形象可感的动画片和孩子一起分享神态、动作甚至是心理描写的迷人魅力。大家再回头看看对话和补充内容，说得是否有道理呢?

二是补叙追叙拓展法。这一方法，笔者在多篇文章中都提到过，由此可见这一手法在丰富文章内容、刻画人物性格、表现文章主题中的重要性了。小作者在第二段已经显示她的作文内功，拓展得真好! 既能看出小作者多么喜爱小动物，又为下文开养猫家庭会议埋下伏笔。修改稿在"爸爸像包公似的，脸上没有一丝风吹草动"后增加一段补叙"会前妈妈说过，爸爸小时被狗咬过，对猫狗深恶痛疾，说服他，要有三寸不烂之舌。看到爸爸包公似的脸色，我的小心脏退缩了一半"。顺势补充，交代背景拓展材料，暗示谈判难度，同时为进一步刻画爸爸"包公"形象，还用自己的心理进一步去烘托爸爸无可商量的形象。

三是语句段落反复法。反复手法是诗歌、音乐、建筑艺术常用的表现手法，起到表现情感、突出主题等作用。特别是音乐，没有反复，就没有音乐情感的动人，就缺乏余音袅袅的意蕴。建筑也是如此，现在住宅小区建筑就是典型的变化中重复美。在文学作品中，适当运用反复法，无论是语言表现，还是展示人物、突出主题都会起到意想不到的效果。修改稿最后"一个别墅、五只猫猫、十条狗狗、一只大熊猫"是对上文第十一段中部分语句的重复。原稿结尾显得仓促收工，缺乏耐人寻味的魅力。修改稿结尾仅仅重复前面说过的话语，进一步把小作者为猫狗而树立理想、努力奋斗的童真形象淋漓尽致地表现出来，语言也显得幽默活泼了。这种反复笔法在《我的妈妈》中也强调过，大家可以对比阅读思考。

还以鲁迅先生文章为例吧。《记念刘和珍君》多次提到刘和珍"常常微笑着，态度很温和"，目的是反复强调刘和珍是个开朗、善良、温和的学生，不是段祺瑞政府所污蔑的暴徒，和下文段祺瑞政府对一群手无寸铁、如此温和善良、要求进步的青年学生实行残暴手段形成鲜明对比，也攻击一些御用文人说她们是暴徒的险恶用心。

在《祝福》中，鲁迅把反复修辞手法使用到极致。先看语言描写的整段反复，慢慢感受反复艺术手法迷人的魅力哦。

"我真傻，真的，"祥林嫂抬起她没有神采的眼睛来，接着说。"我单知道下雪的时候野兽在山墺里没有食吃，会到村里来；我不知道春天也会有。我一清早起来就开了门，拿小篮盛了一篮豆，叫我们的阿毛坐在门槛上剥豆去。他是很听话的，我的话句句听；他出去了。我就在屋后劈柴，淘米，米下了锅，要蒸豆。我叫阿毛，没有应，出去一看，只见豆撒得一地，没有我们的阿毛了。他是不到别家去玩的；各处去一问，果然没有。我急了，央人出去寻。直到下半天，寻来寻去寻到山墺里，看见刺柴上挂着一只他的小鞋。大家都说，糟了，怕是遭了狼了。再进去；他果然躺在草窠里，肚里的五脏已经都给吃空了，手上还紧紧的捏着那只小篮呢。……"她接着但是呜咽，说不出成句的话来。

这段文字在《祝福》中反复出现两次，深刻刻画了祥林嫂失去孩子的内心痛楚到最后精神有点错乱的反常言行，也成为中国现代文学中非常经典的反复语言案例。由于她反复向人述说，"后来全镇的人们几乎都能背诵她的话，一听到就烦厌得头痛"，直到现在，人们都称某个反复述说自己不幸的人为"祥林嫂"。由此可见，反复手法已经深深嵌入我们日常生活表达，注入中华文化血脉。

《祝福》不仅语言描写运用反复手法，而且还三次反复描写祥林嫂外貌，值得细细品味。

祥林嫂初到鲁镇："头上扎着白头绳，乌裙，蓝夹袄，月白背心，年纪大约二十六七，脸色青黄，但两颊却还是红的""但是她模样还周正，手脚都壮大，又只是顺着眼，不开一句口，很像一个安分耐劳的人""试工期内，她整天的做，似乎闲着就无聊，又有力，简直抵得过一个男子"。

祥林嫂再次变成寡妇来到鲁镇："她仍然头上扎着白

头绳，乌裙，蓝夹袄，月白背心，脸色青黄，只是两颊上已经消失了血色，顺着眼，眼角上带些泪痕，眼光也没有先前那样精神了。而且仍然是卫老婆子领着，显出慈悲模样，絮絮的对四婶说。"

　　我回到鲁镇后见到临死前的祥林嫂："五年前的花白的头发，即今已经全白，全不像四十上下的人；脸上瘦削不堪，黄中带黑，而且消尽了先前悲哀的神色，仿佛是木刻似的；只有那眼珠间或一轮，还可以表示她是一个活物。她一手提着竹篮。内中一个破碗，空的；一手拄着一支比她更长的竹竿，下端开了裂：她分明已经纯乎是一个乞丐了。"

　　三次外貌特写深刻表达祥林嫂被封建政权、族权、神权、夫权四座大山摧残的形象，既让读者对祥林嫂寄予深深的同情，又对封建制度摧残妇女而深恶痛绝。

　　语言、外貌、神态可以运用反复修辞手法，动作、心理、环境等也同样可以。它们对人物刻画、推动情节、刻画人物起到深刻的作用。

　　修改稿其他语句、字词调整之处，不细说了，请大家对照参阅，看看为什么要这样调整。

小鬼们的野餐

（原稿）

我们来到小塔山水库进行最激动人心的活动——野餐。大家可谓是心潮澎湃，激情就像那七月的骄阳呀！

小塔山水库果真是名不虚传，碧绿的湖水，在阳光的照耀下闪着金光，波光粼粼。水库中心还有座小小的绿岛，像是一颗硕大的绿宝石点缀其间。

"大家赶快去抢地盘吧！"随着数学老师的一声提示，我们各自派出实力派选手去争夺风水宝地。我不负众望，为

小鬼们的野餐

（修改稿）

春日融融，微风和畅。我们到赣榆区小塔山水库开展最激动人心的活动——野餐。大家可谓心潮澎湃，激情就像那七月的骄阳！

小塔山水库果真名不虚传。碧绿的湖水在阳光照耀下波光粼粼。水库中心树木掩映的绿岛就像硕大的绿宝石点缀其间。"大家赶快抢地盘吧！"随着数学老师的一声提醒，我们各自派出实力派选手争夺风水宝地。我不负众望，为我们组夺到了树荫下的地盘。哈哈哈，真是棒极了。

夏天天刚铺好桌布，我们的爱心午餐便全部上阵。王晓飞、张灿灿、李兰兰都急忙拿出看家午餐。出乎意料的是，他们三个人带来的竟然都是煎

我们组争夺了树荫下的地盘，哈哈哈，棒极了。

夏天天刚铺好桌布，我的爱心午餐便全部上阵，王晓飞，张灿灿也拿出看家午餐。出乎意料的是，五个人之中，有三个人都带来煎饼卷馓子，可见，大家对煎饼卷馓子的钟爱了。

我先拿出妈妈为我精心准备的可乐鸡分给大家。"哇！熙颜，你妈妈可真贤惠哦。好吃，好吃！"张灿灿连连夸口。

我也狼吞虎咽，左手一个汉堡，右手一个鸡翅，左咬一口，右咬一口，头都不抬，三下五除

饼卷馓子，可见其对煎饼卷馓子的钟爱了。夏天天带来的是汉堡，面包烤得金黄金黄的，里面夹着新鲜的生菜和香喷喷的火腿肠。我的目光碰到了就难以移开。

我拿出妈妈精心准备的可乐鸡。当我打开不锈钢餐盒盖子的时候，颜色焦黄、味道香美、汤汁诱人的可乐鸡顿时把大家的目光都吸引了过来。"哇！熙颜，你妈妈厨艺真厉害哦，好吃，好吃！"张灿灿火速夹了一块鸡肉放进嘴里，一边大口咀嚼，一边连连夸奖。"做可乐鸡，可是妈妈的拿手好戏哦！"我一边毫不谦虚帮我妈妈做广告，一边赶快把可乐鸡分给大家享用。李兰兰分到了一条可乐鸡腿，咬了一口，对我说："太好吃了，回去帮我跟阿姨讨教做法，我也要妈妈做可乐鸡。"王晓飞拿了一个大鸡

二，两个巨无霸便都成为我腹中之物了。"哇！"一旁的王晓飞惊叫了一声，"也太神速了吧。"

其他小组也都狼吞虎咽，桌布上摆满了各种食物，有说有笑地吃着，毫不拘束。有的调皮同学还使用调虎离山之计，"偷取"别人食物。

王晓飞拿出了鸡块与大家分享。鸡块也是我的最爱，我便拿起津津有味地吃着，没一会儿，鸡块又被我们一扫而光。我又在其他人面前选了自己爱吃的美味，然后满足地揉了揉肚子。

为了促进消化，

翅，一边啃着香喷喷的鸡肉，一边高兴地说："熙颜的可乐鸡，绝对是今天的美味王牌！"听着大家的赞美，我心里美滋滋的。

这时，夏天天也把汉堡分给大家。我狼吞虎咽吃了起来，左手一个汉堡，右手一个鸡翅，左咬一口，右咬一口，头都不抬，三下五除二，两个巨无霸便都成为我腹中之物了。"哇！"一旁的王晓飞惊叫了一声，"也太神速了吧！"

各个小组的桌布上都摆满了各种食物，大家也都狼吞虎咽，有说有笑，毫不拘束。有的调皮同学还使出调虎离山计，"偷取"别人食物。王大鹏就是其中之一，别看他长得不胖，可是我们班的"吃王"。他饭量特大，大米饭都能两碗下肚；天天嘴里都有吃不完的东西。面对这么多美味，他哪能甘心！他像串门走亲戚一样，专找自

大家都来到湖边散步。春风拂面，湖波荡漾，别提有多惬意了。

小鬼们的野餐真是太有趣了，不过还是大家合作得好，各自做好各自的任务，不吝啬分享食物，小鬼们的野餐才会圆满结束。

己喜欢吃的，遇到吝啬一点的，就使用调虎离山之计，大吃人家饭菜。这些捣蛋鬼们给这次野餐带来了无穷乐趣。我也在其他人面前选了自己爱吃的美味，填饱肚皮后，心满意足地揉了揉肚子，特别开心。

午餐后，春风拂面，格外舒适。小鬼们三三两两来到湖边散步，欢闹的笑声在碧绿的湖波上荡漾。这次野餐让我们亲近了大自然，增进了同学感情，获得了互相交流、分享美食的快乐，真的让我特别难忘啊！

可敬的妈妈们：大家享受过一起和"小鬼们"尽情分享野餐的独特之乐吧，感谢孩子帮我们重拾童年的美好记忆。孩子在哪里，春天就在哪里。大家是否在修改稿中重拾更多童趣呢？这篇作文题目中心词"野餐"属于一篇叙事记叙文，结尾抒发野餐活动给同学们带来的美好感受。叙事离不开人物活动，人物是推动事情发展的主要力量。如何把人物生动活泼地刻画出来，带给读者深刻的感悟与体会呢？这就需要调动人物刻画的基本

他们三个人带来煎饼卷馓子。夏天天带来汉堡，面包烤得金黄金黄的，里面夹着新鲜的生菜和香喷喷的火腿肠。我的目光碰到了就难以移开。

笔法。这是叙事类文章一大难点。大家可以通过比较原稿和修改稿，细细体会和慢慢感悟。

原稿能够围绕野餐主题选材、选取场景、野餐乐趣以及活泼气氛等方面生动叙事，且叙述层次清楚，行文节奏流畅，特别是标题和语言风格值得肯定。一是题目有趣引人入胜。"小鬼们"很吸引眼球，小鬼是既聪明又爱胡闹的，他们会干出什么惊天动地的事情呢？文中果真充满小鬼乐趣。二是语言活泼，比喻生动。"实力派选手""爱心午餐便全部上阵""巨无霸""腹中之物"等词语都不落入俗套。

原稿不足主要体现在细微之处。

一是点面结合不太好。在介绍同学们时应避免平均用笔，最好在照顾群体基础上刻画特写形象，增加同学形象的生动性。点面结合在写景和场面描写中反复提到。这一手法同样适合人物塑造。

二是野餐刻画较为粗疏。原稿已经注意叙述野餐的丰富品种，但是在野餐具体描述上只有其名，未见其色、香、味等特质，内容显得空洞。

三是结尾较为平实。结尾讲了合作、完成任务及大方等事宜，与全文生动活泼相比显得刻板无味，没能在小鬼们的乐趣基础上顺势升华提炼。只有顺势提炼升华，才能让文章行云流水哦。

四是语言准确精练不够好。例如，"大家可谓是心潮澎湃"中"可谓"就有"是"的意思，因此可以去掉"是"。"小塔山水库果真是名不虚传"中的"是"可以省略。"碧绿的湖水，在阳光的照耀下闪着金光，波光粼粼"有三个"光"显得重复，可以精练为"碧绿的湖水在太阳照耀下波光粼粼"，也可以表述为"碧绿的湖水在太阳照耀下金光闪闪"。大家细细品味一下，遣词造句是不是也充满趣味呢？

五是表达不准确。"哇！熙颜，你妈妈可真贤惠哦。好吃，好吃！"此处夸人内容偏离野餐主题，应夸厨艺好，而不是夸品行好，因此可以改为："哇！熙颜，你妈妈厨艺真厉害哦，好吃，好吃！"

六是整体照顾不到位。"夏天天刚铺好桌布，我的爱心午餐便全部上阵"，从后面表述看，此处开头应说大家的爱心午餐，而不仅仅是我自己的爱心午餐，因此修改为"夏天天刚铺好桌布，我们的爱心午餐便全部上阵"，以求有个整体印象。

七是重点对象介绍不全。从文中叙述看，我所在小组应有五名同学，但提到的只有夏天天、王晓飞、张灿灿和我四个人。为突出我们小组在全文中的集体地位，保持内在逻辑完整，应增写一名小组成员姓名。

八是存在冗余句段。前面介绍过可乐鸡，文末又说王晓飞拿出鸡块跟大家分享，显得重复累赘，于全文无补，可以去除"王晓飞拿出了鸡块与大家分享。鸡块也是我的最爱，我便拿起津津有味地吃着，没一会儿，鸡块又被我们一扫而光"。

修改稿紧紧围绕小鬼们的野餐主题，重在刻画小鬼们享受野餐的乐趣。为此，做了以下调整：

一是适当增加写景。以景衬人，以景衬景，也可以景衬事，主要为主体增加美丽背景，起到烘托美的作用。修改稿写景主要为小鬼们快乐野餐营造美丽轻松舒适的活动环境，开头用"春日融融，春风和畅"，结尾用"午餐后，春风拂面，格外舒适。小鬼们三三两两来到湖边散步，欢闹的笑声在碧绿的湖波上荡漾"，这两段与第二段湖景描写关联呼应，使用淡墨笔法增加轻松情境，形成景美事美情美三美合一的整体美。根据烘托主题及渲染情境的需要，适当增加写景内容，可以让表现的内容呈现丰富、立体的美感。

二是着意刻画食物诱人之处。小鬼们出去野餐，自然兴趣都会集中在食物品种及色香味上，特别是对自己喜欢吃的食物更会投去更多注意力，也会从中获得更多美好感受。考虑到煎饼卷馓子数量较多，原稿与修改稿都一笔带过，就将笔墨重点集中在汉堡和"我"的可乐鸡上。关于汉堡，文中描绘了其颜色金黄金黄的，中间夹着生菜、火腿肠，观感是新鲜，嗅觉是香喷喷，诱人之处是让我的目光碰到了就难以移开。这样描写，虽然用语不多，但是就把汉堡的色香味及"我"的心理感受写出来了。本文是以"我"的视角来看的，自然应将自己带去的可乐鸡作为主角浓墨重彩写，既体现"我"和妈妈对本次野餐的重视，又体现妈妈对"我"的关爱、高超的厨艺，还让本次野餐从食物层面有个亮点。文中特意说打开不锈钢餐盒，是让可乐鸡能够以与美味相般配的外表闪亮登场，相反，如果放在塑料袋里，就显得品位及层次降低了，与"人靠衣服马靠鞍"有相通之处。文中描绘可乐鸡"颜色焦黄、味道香美、汤汁诱人"，也是从色香味角度写出可乐鸡的特征，说"把大家的目光都吸引了过来"，就是突出可乐鸡的独特魅力。可乐鸡好看，到底好不好吃呢？这个任务就交给张灿灿，由他"火速夹了一块鸡肉放进嘴里，一边大口咀嚼，一边连连夸奖"的一系列动作立体展现了美好可口。

我的可乐鸡写完了，如果不写汉堡品尝场景，文章内容就会显得单调。这个时候，"我"作为主角出场，正面描写"我"参加野餐的快乐，就会更加感染人。"我"是如何出场的呢？"我"是左手一个汉堡，右手一个鸡翅，左咬一口，右咬一口，头都不抬，三下五除二。这里同时说汉堡和鸡翅，采用勾连笔法，既说明汉堡好吃，又体现"我"对可乐鸡的喜爱，还形象展示"我"的狼吞虎咽。原稿写得较为充分，基本保持原貌。

三是注意点面结合。叙述集体活动，既要注意重点部位充分表达，又要兼顾面上风采展示。原稿中虽有面上交代，但是缺乏点的拓展和深入，基本上平分笔墨，重点不突出，在整体氛围刻画上显得单薄。修改稿从点面结合、呼应生辉角度考虑，在第六段增加点面结合手法。"各个小组的桌布上都摆满了各种食物，大家也都狼吞虎咽，有说有笑，毫不拘束。"既是面的交代，又在结构上起到承上启下作用，在内容上起到拓展丰富作用。原稿只是蜻蜓点水，可能对内容和结构缺乏主动构思安排的能力。在"点"上增加王大鹏的个性形象，增添野餐乐趣，也给行文制造丰富独特的个性美感。王大鹏同学个性形象特点是饭量大、嘴馋、脸皮厚、活泼好动、爱耍小聪明。这也是通过补叙手法丰富捣蛋鬼形象。这个捣蛋鬼在文中作用是让其到处跑，把各个小组用餐串联起来，给野餐增加乐趣和动感。我作为配角出现，也跟王大鹏一样到各个组串门选自己爱吃的美味，在文中作用不是营造快乐氛围，而是从"我"的视角展示食品丰富美味，当然也让自己吃得满意，不能"亏待"自己。作者自己吃好了，开心了，才能传递更多发自内心的快乐，并能让读者也能分享其中的快乐；如果自己不好意思到处跑，没吃饱或吃得不开心，再带点埋怨心理，就难以传递野餐的快乐。

四是提升总结感受。修改稿着重说了心灵放松、亲近自然、增进友情、分享快乐，虽然用笔不多，但是让人读后感觉本次野餐是快乐的，收获是很多的，感受是丰富的，体现文章行云流水、水到渠成的美感。这与原稿讲散步促进消化、合作得好、完成任务、不吝啬等感受相比格调高出很多，也不机械呆板。当然，大家还可从节约粮食、热爱生活、团队文化、素质教育、新时代幸福生活等方面延伸拓展主题，使得本次野餐不再仅仅作为普通学校户外活动，也不再就事论事，而是融入更多家国情怀、价值追求，就会让文章更有内涵，也会愈发感染人。这种笔法称为"言从楼起、意在楼外"，源于北宋范仲淹的《岳阳楼记》。《岳阳楼记》之所以名满天下，虽然跟其对岳阳楼、洞庭湖迷人风光的生花妙笔有关，但关键还是文尾"先天下之忧而忧，后天下之乐而乐"的家国情怀，引发无数人们强烈的心灵共鸣。学生写作文，可以积极借鉴"言从楼起、意在楼外"笔法，将写作对象与大历史、大情怀、大境界、大视野、大事件、大道理等融会贯通、提炼升华，就会让作文有灵魂、有高度、有情怀，也更易激发读者共鸣。

其他修改之处，请大家自行对照，不再细述。

对自己说：我行

（原稿）

生活中遇到困难，只有对自己说，我行，我相信什么困难都会被击倒。

为了不做一只旱鸭子，我向妈妈自告奋勇买了一张三十次的游泳卡，决心在这个暑假把自己练成一名游泳健将。

李飞飞告诉我学游泳先要在水下学会憋气。天啊，要沉入水底，即使我全副武装可还不敢。可转念一想，总不能做个旱鸭子啊，总不能在爸妈面前失信吧，潜吧。

"先吸气，再憋气；先吸气，再憋气……"我一遍又一遍地练习着，可是，由于紧张，经常忘记了吸气就潜入水里，搞得自己经常呛水，阵阵难受，就有放弃的念头。

对自己说：我行

（第二稿）

生活中遇到困难，只有对自己说，我行，我相信什么困难都会被击倒。

为了不做一只旱鸭子，我自告奋勇请妈妈买了一张三十次的游泳卡，决心在这个暑假把自己练成一名游泳健将。

李飞飞告诉我，学游泳先要在水下学会憋气。天啊，要沉入水底，即使全副武装，我也不敢，可转念一想，总不能做个旱鸭子啊，总不能在爸妈面前失信吧，潜吧！

"先吸气，再憋气；先吸气，再憋气……"

这时，我就对自己说，我行，给自己充足信心和勇气，继续练习。我还会对自己说，这只是人生的一小步困难，如果在这里就战败，那以后的人生就没有华丽的色彩了。作为人类，学会游泳应该是本能，更何况也是一种求生的能力。

于是，我重新整理自己，信心倍增，继续潜入水里。"先吸气，再憋气；先吸气，再憋气……"我一遍又一遍地练习着，终于能把自己漂起来了。我高兴极了。练着练着，还能用脚打水花儿。我真的就会游泳啦！高兴的心情仿佛自己是拿了世界冠军一样。

人生就是一座高峰，每一块岩石便化作种种困难，但岩石终究是岩石，长年累月的风沙终究会战胜它，风

我一遍又一遍地练习着，可是，由于紧张，经常忘记了吸气就潜入水里，搞得自己经常呛水，阵阵难受，就有放弃的念头。这时，我就对自己说：我行，给自己充足的信心和勇气，继续练习。

于是，我重新整理自己，信心倍增，继续潜入水里。"先吸气，再憋气；先吸气，再憋气……"我一遍又一遍地练习着，终于能把自己漂起来了。我高兴极了，练着练着，还能用脚打出水花儿。我真的就会游泳啦！高兴的心情仿佛自己是拿了世界冠军一样。

还有比游泳更困难的事情吗？在以后生活

沙正如我们的自信心。只有饱满的自信和坚持不懈的努力才会克服困难，领悟成功。

中，无论什么时候遇到什么困难，我都对自己说，我行。于是迈开脚步，毫不迟疑！

对自己说：我行

（第三稿）

生活中遇到困难，只有对自己说我行，相信困难才会被击倒。

为了不做一只旱鸭子，我自告奋勇请妈妈买了一张三十次的游泳卡，决心在这个暑假把自己练成一名"游泳健将"。

李飞飞告诉我，学游泳先要在水下学会憋气。天啊，要沉入水底，即使全副武装，可我还是不敢；转念一想，总不能做个旱鸭子啊，总不能在爸妈面前丢面子吧，有多大事，潜吧。

"先吸气，再憋气；先吸气，再憋气……"我一遍又一遍地练习着，可是，由于紧张，经常忘记了吸气就潜入水里，搞得自己经常呛水，阵阵难受，就有放弃的念头。这时，我就对自己说我行，给自己充足的信心和勇气，继续练习。

于是，我重新调整，信心倍增，继续潜入水里。"先

我真的会游泳啦！我高兴极了，仿佛自己拿了世界冠军一样。

吸气，再憋气；先吸气，再憋气……"我一遍又一遍地练习着，终于能把自己漂起来了，练着练着，还能用脚打水花儿。我真的会游泳啦！我高兴极了，仿佛自己拿了世界冠军一样。

还有比游泳更困难的事情吗？在以后生活中，无论遇到什么困难，我都对自己说：我行。在风雪飘飘的上学路上，我曾经害怕寒冷与孤独，我对自己说我行，我战胜了寒冷与孤独；在犹如"蜀道之难难于上青天"的泰山路上，我对自己说我行，我徒手登上了"会当凌绝顶，一览众山小"的玉皇顶；在学习吹竹笛的路上，我对自己说我行，我吹响了一首又一首美丽动听的曲子……

可敬的妈妈们： 大家一定遇到过孩子大唱高调的作文吧。仅仅写了一件小事，就出现大段大段议论，显得华而不实，哗众取宠。这样的作文是孩子刚学写夹叙夹议作文期间经常会发生的现象。遇到这样的作文，各位妈妈要及时调整"方向盘"，以防作文跑偏脱轨。

在记叙文中如何教会孩子议论？各位妈妈可以尝试从两个方面突破。首先，最简单方法就是删去大段大段议论，仅保留开头和结尾简短精辟的议论就可以了，中间顺势来一两句议论，起到深化主题或点题的作用。其次，不要拔高主题。一件小事是"脚"，拔高的主题是

"头"，议论恰如其分才能协调稳重，拔得过高就显得头重脚轻。它和深化中心思想明显不同，深化中心思想是挖掘事件中最具有深刻意义的元素来议论，能起到画龙点睛的作用。这在《第一次包粽子》《有趣的买卖》等文章中都有细致阐述。而拔高主题是游离于事件之外，或以偏概全地议论，反而显得画蛇添足。文中"如果在这里就战败，那以后的人生就没有华丽的色彩了"，这显然属于以偏概全。"作为人类，学会游泳应该是本能，更何况也是一种求生的能力"一句是游离于事件之外，和中心关系不大。最后一段"人生就是一座高峰，每一块岩石便化作种种困难，但岩石终究是岩石，长年累月的风沙终究会战胜它，风沙正如我们的自信心。只有饱满的自信和坚持不懈的努力才会克服困难，领悟成功"也是如此，矫揉造作、东拉西扯，游离于游泳这一事件之外，显得飘浮不定。

现在结合原稿阐述如何顺势和提势。先总体上看看原稿。原稿主题鲜明、重点突出、语句通顺、叙议结合，是篇不错的文章。文中大段议论清晰标志着小作者不断增强的生活感悟能力。由于对生活认识、体悟比较稚嫩，却用了老沉、成熟的语言来表达，与文章的整体形象、花样年龄不够协调，存在无病呻吟问题，反而丧失了文章的整体美感。文章出现三次议论，其中"我还会对自己说，这只是人生的一小步困难，如果在这里就战败，那以后的人生就没有华丽的色彩了。作为人类，学会游泳应该是本能，更何况也是一种求生的能力"和最后的议论"人生就是一座高峰，每一块岩石便化作种种困难，但岩石终究是岩石，长年累月的风沙终究会战胜它，风沙正如我们的自信心。只有饱满的自信和坚持不懈的努力才会克服困难，领悟成功"完全是成年人语言，和文章整体格调不协调，显得大而空。如何克服这种幼稚病呢？这里有两点建议供大家参考：一是要顺势、提势。第二稿和第三稿的第四段仅保留"我就对自己说我行"，起到点题的作用，也呼应了文章开头。这就是针对自己要放弃念头之时的顺势点题。文章是写游泳的，那就顺着游泳之势提高到生活其他方面。请看第三稿。我们顺着游泳继续提势，"在以后生活中，无论遇到什么困难，我都对自己说我行。"写出了一段排比句，用三个事实进一步阐明"我对自己说我行"精神鼓舞的强大作用。经过提势，文章"只有对自己说我行"的观点才更有说服力。一件事不足以支撑观点，两件事或三件事就能让观点站得扎实牢固，同时，结尾用简短形象的语言概括了自己生活中的三件事，让文章又达到详略得当的效果，更显示出文章迷人的魅力。顺势、提势要环环相扣，不断拓展、深入，文章就渐渐高大丰实起来，不能像吃了生长素一样，哗的就长得老高。二要始终保持童趣。作文如此，做人如此，童趣在，文章在，做人就轻快。

第二稿首段议论保留，主要是简短有力，单刀直入，不拖泥带水。第四段末尾议论删除，因为这段议论太高大，不符合孩童心理。最后一段删除，重新修改内容，遵循顺势、提势的原则。"还有比游泳更困难的事情吗？"这叫顺势，即顺着上文游泳一事反问，加强语气。"在以后生活中，无论遇到什么困难，我都对自己说：我行。"这叫提势，即由游泳一件事提高到事事，目的是证明"对自己说：我行"这个主张在人生中的重要作用。"于是迈开脚步，毫不迟疑！"这一句看似很短，却很有力，是用形象语言进一步表现"对自己说：我行"这句话给我带来的精神鼓舞。有的同学说，这字数不就不够了吗？大家还可以顺势拓展到其他性质相近的事项，借事丰富内容，进一步强化作文主题，让读者获得更多的启迪。

作文结尾多种多样，虽然有一定规律可以借鉴学习，但是没有固定不变的法则，常见有直接抒情法、间接抒情法、议论法、点题法、诗词装饰法、形象比喻法，等等。其中，直接抒情法是大家比较熟悉的方法，直接结合内容抒发热烈的个人情感，升华文章主题。间接抒情法是用描写或记叙的方法表达作者的思想感情或见解主张，例如和天气相关结尾"温暖的阳光洒在我的心上，暖洋洋的"，用阳光的温暖间接抒发了自己美好的心情；"我的心也如窗外的天，下着毛毛细雨"，用毛毛细雨间接抒发了自己忧伤的情绪。议论法是结合叙述事实阐述道理、表达见解、判断结论、表明立场、传达观点。点题法就是用简明扼要语句点明文章题目含义，揭示文章主题，起到归纳全文、揭示文章中心和加深读者印象的作用。"对自己说：我行"就是典型。诗词装饰法就是选用跟文章主题及内容关联紧密或内涵相通的诗词作为结尾，增加文章的意境和美感。诗词文化是我们中华文化的瑰宝。各位妈妈要多多引导孩子背诵古诗词，善于把诗词自如、灵活地运用到作文中去。作为初中生和高中生，更应该自觉借势诗词文化，为文章增添文化厚度、力度和深度。形象比喻法是运用可见可感、具体直观的事物生动形象表达自己的观点，给人丰富多彩的直接启发。比较典型的是毛泽东主席的《星星之火　可以燎原》的结尾：

但我所说的中国革命高潮快要到来，决不是如有些人所谓"有到来之可能"那样完全没有行动意义的、可望而不可即的一种空的东西。它是站在海岸遥望海中已经看得见桅杆尖头了的一只航船，它是立于高山之巅远看东方已见光芒四射喷薄欲出的一轮朝日，它是躁动于母腹中的快要成熟了的一个婴儿。

最后用"航船""朝日""婴儿"十分形象的语言比

喻革命高潮即将到来，留给读者丰富的想象空间，给文章增添了色彩和动感的魅力。

当然，作文结尾方法还有很多。小学生重在学习直接抒情和议论，初中和高中学生要学会间接抒情和形象比喻法，进一步提高作文结尾技巧，展现作文给读者带来的精神享受。

这是笔者指导高中学生获得一等奖的作文。这篇作文具有丰厚的诗词文化底蕴，很好展现了一个高中生"腹有诗书气自华"的素养。结尾"我沐浴在你的阳光里，汲取智慧的种子、情感的花儿，迎着日出，伴着雨露，一路高歌清唱，我与你同行，不离不弃"，运用形象比喻化语言表达情感，给读者带来美的享受。中国古诗词文化会让作文气韵流动，让精神浩气长存。现收录于此，供大家参阅。

我与经典有约

衣带渐宽终不悔，为伊消得人憔悴。

——题记

我从"飞流直下三千尺，疑是银河落九天"的唐诗艺苑里一路观花折柳，又来到"今宵酒醒何处，杨柳岸晓风残月"的词苑里赏月观山，还曾踏足于《三国演义》《水浒传》《红楼梦》的灿烂花园，一路走来，是经典一双纤手牵着我漫步在艺苑的累累书卷中。

我第一次和她握手，就爱不释手。她"接天连叶无穷碧，映入荷花别样红"，光彩照人；她"采菊东篱下，悠然见南山"，超然脱俗；她"桃园三结义"，豪情满怀；她"身在曹营心在汉"，侠骨忠肠……她集美丽于一生，聚正义于满怀。我注定终身与她厮守，看潮起潮落，云卷云散。

她牵着我的手，翩翩来到山水秀丽的吴地。那里土地肥沃，沃野千里，百姓安居乐业，君主孙权仁爱爱人，大臣忠心耿耿，君臣同心，共济统一大业。她指着"桃园三结义"，为我讲述关羽、张飞、刘备的动人故事。我倾情于故事中，感动得热泪盈眶。她牵牵我的衣袖，催我前行。她翻阅曹操的历史，我赞曹操的聪慧与才能，"老骥伏枥，志在千里"的壮志谁能比，"人生譬如朝露""绕树三匝，何枝可依"的绵绵情怀谁能堪比。她莞尔一笑，招呼我继续前行。

她牵着我的手，款款来到西天取经的路上，我看孙悟空腾云驾雾，为师父降妖除魔，历经千辛万苦，终于取得真经。我沉思不语，愧疚自己缺乏孙悟空的艰苦精神、坚毅的韧性。她猜透我的心思，拍拍我的后背，递给我一本《钢铁是怎样炼成的》。我饱读此书，废寝忘食，一次次激情澎湃，铸炼了我男儿当自强的雄浑魄力；一次次热血沸腾，锻造了我男儿昆仑巍峨的爱国情怀。

她牵着我的手，悄悄来到烟花如雨的"红楼"。我目睹了林黛玉"一年三百六十日，风刀霜剑严相逼"的凄凄惨惨岁月，宝钗温柔可人、周旋于不同人物之间、不得罪于众人的处世态度，贾宝玉玩劣异常、多情风流的公子生活；叹贾府大厦顷刻颓废，刹时断壁，叹人生命运多舛，荣辱盛衰；思人情何以冷暖，宦海何以沉浮。

一路走过，正是她让我懂得"阳光总在风雨后"的深刻内涵，让我感到"山重水复疑无路，柳岸花明又一村"的丰富意蕴，让我领略到"会当凌绝顶，一览众山小"的人生境界。

经典，你美得撩人心魄，香得沁人心脾，让我沉醉不知归路。你在我的心底烙下深深的印记，抹之不去。

一个飘雪的午后，我坐在窗前，看着飞舞的雪花，思绪便如同飞鸿起舞。一种莫名的东西撞击我的胸口，脑海里有许多记忆的思绪在飘舞，迷迷糊糊地提起笔，文字便一句一句从笔尖跃出，排成了一篇情意绵长的文章。我知道，我已深深地坠入你的爱河。

从此，我沐浴在你的阳光里，汲取智慧的种子、情感的花儿，迎着日出，伴着雨露，一路高歌清唱，我与你同行，不离不弃。

写景篇

我爱你啊，连云港

（原稿）

我还是一个小学五年级的学生，还没有学会用太多华丽的词藻去赞美你啊，连云港。但是又忍不住要借此机会倾诉对你的热爱，我的连云港。

此刻我正在你的怀抱中尽情的玩耍、放肆的撒娇、安静的求知、快乐的成长。你的怀抱温暖、热闹、宽广，我正在贪婪地享受这幸福，我爱你啊，我的连云港。

我小的时候听着爷爷讲大海的故事，那个时候还不懂故事，现在长大了，看到课本上的海鸥啊，再也不用羡慕别人的故乡，

我爱你啊，连云港

（修改稿）

我爱你啊，美丽的连云港！你是现代，更是古典。因为无论你怎么成长，你身上散发出的悠悠西游古韵都那么迷人而深远。我虽然还只是一名五年级学生，还不能用太多华丽词藻赞美你，但是忍不住要感谢你给我的每一份幸福。

你有一座闻名中外的花果山。花果飘香，美不胜收。这就是孙大圣老家。你的美丽陶冶了我的性格，你的文化塑造了我的坚强，你的《西游记》孙大圣培养了我许多优秀品格。他飞翔于雾气茫茫的云海之上，跳跃于层峦叠嶂的大山之间，奔波在险象环生的取经途中，还是那么快乐。一群群活泼可爱的孩子在你的文化孕育下阳光快乐，积极进取，顽强拼搏，个个争做新时代的孙

我就在你的大海怀抱里啊，我的连云港。

你连着云，连着山，连着海，你有一条很长的铁路线从家乡一直往东延伸，一直延伸到我国最东方的海岸线上，连接着欧亚大陆桥的东方桥头堡。

你有一座闻名中外的花果山，有令人无限遐想的水帘洞，那是当年石猴出世的地方，那里有美猴王率领猢狲们挥戈操练的足迹。

你有凤凰山，孔望山，石棚山，我的爷爷带我登上了每一座山峰，去领略了新港城的风景。

你有宽阔而美丽的新港城大道，车来车往滴滴叭叭的响声

大圣。

小时候，看到课本上自由飞翔的海鸥，好想去看一看。现在再也不用羡慕别人的故乡，在你的大海怀抱里，就能看到海鸥美丽优雅的身姿。你的胸怀有佛祖如来的宽广与包容。蓝天出现了，鸟儿飞来了，一座座现代化工厂拔地而起。我更深刻领会爷爷常常教导我的一句话"有容乃大"。如果东海龙王来到我的家乡，我想他也会给美丽的连云港点个大赞。

我的连云港，你牵连着云，依偎着山，伴随着海。你有一条很长的大陆桥从家乡一直往西延伸，一直延伸到我国最西方的阿拉山口、霍尔果斯口岸，连接着广袤的欧亚大陆。在这条取经的路上，不用斩除妖魔鬼怪，不用翻山越岭，我们乘着飞机，坐着高铁，就可以领略无限风光，发

让我们感受到时代前进的脚步声。

你有宽阔而美丽的蔷薇河，河上时常有船只来往通行，清澈的河水透明如镜，被两岸的莲叶与芦苇包容。开放的荷花为她穿上了一身修长而美丽的连衣裙。

对了，你还有独一无二的金镶玉竹，你有独一无二的绝味沙光鱼，你有闻名全国的水晶之都，有四季如春的东海温泉，有胜似桃源仙境的宿城。

你怎么会如此的丰富多彩呢，你就像万能的哆啦A梦，你就像充满能量的魔法城堡。我爱你啊，我的连云港。

展文化经济，创造发展真经。

你还有凤凰山、孔望山、石棚山。我的爷爷带我登上了每一座山峰，一座山头一座山头领略新港城的风景。你有宽阔而美丽的新港城大道，川流不息的车流让我们感受到时代前进的脚步声。你有宽阔而美丽的蔷薇河，清澈的河水透明如镜。你有独一无二的金镶玉竹，你有闻名全国的水晶之都，你有四季如春的东海温泉，你还有胜似桃源仙境的宿城。

你怎么会如此丰富多彩呢？你就像万能的哆啦A梦，你就像充满能量的魔法城堡。我想，要是孙大圣最近再回一趟老家，一定也会跟我一样热爱芳香而迷人的连云港。

突然觉得，我和你一样，全身也散发出不一样的文化魅力，芳香而迷人。

连云港有花果山、大海、大陆桥、高铁。孙大圣最近再回一趟老家，一定也会跟我一样热爱芳香而迷人的连云港。

　　可敬的妈妈们：2021年秋，连云港市某校组织学生朗诵征文，要求围绕连云港市《西游记》文化主题写一篇反映新时代连云港风采的朗诵稿，表达对家乡的热爱和赞美，由学生或家长录制视频参加比赛。

　　孩子歌颂家乡的作文往往口号喊得多，接地气内容会略显单薄。涵涵同学语文功底很好，悟性很强，文笔不错，言之有物，言之有情。就目前内容看，原稿基本可以进入朗诵环节，以下几点值得肯定：一是主题集中鲜明。作者能够围绕热爱连云港主题放眼全市文化历史和人文地理，生动鲜活组织素材，字里行间可以感受到发自内心的热爱之情，让人读后不禁对连云港产生一游而后快的美好向往。二是结构层次分明。作者使用结构紧凑的小段落描写连云港的城市美景和历史人文，每段两三行不急不缓看起来清清爽爽，舒缓有致，显示出作者很好的语言节奏感和段落安排能力。三是语言流畅自然。作者使用轻松明快的语言写出了花果山、黄海、蔷薇河等令人神往的美景，特别是写蔷薇河那一段更为出色。四是注意详略安排。作者虽然写了连云港很多自然地理和历史人文内容，但是能够将笔墨集中在花果山、黄海、大陆桥、蔷薇河等处，基本做到每块内容一段，而对凤凰山、孔望山、石棚山、金镶玉竹、沙光鱼、水晶、温泉、宿城等对象，则是一笔带过。这显示出作者在文章重点把握上已较为成熟。五是善于情景交融。作者描写连云港的山水人文时有意识地把自己放进去，表达自己对城市的热爱、生动感受，使得字里行间充盈着作者的感情和心理活动，比较典型的是这一段：

此刻我正在你的怀抱中尽情的玩耍、放肆的撒娇、安静的求知、快乐的成长。你的怀抱温暖、热闹、宽广，我正在贪婪地享受这幸福，我爱你啊，我的连云港。

如从优化提升角度考虑，原稿以下内容有待改进。

一是着力点分散。作者写了连云港很多城市特色，每段都是两三行，说是说到了，但是没有充分表达，有点浅尝辄止、匆匆忙忙的感觉，让人读了不过瘾、感受不到位。

二是轻重缓急不足。文中从前往后依次描写连云港的黄海、铁路、花果山、新港城大道、蔷薇河以及金镶玉竹、水晶等事物。这个顺序从读者角度看不出孩子的情感特点，显得平淡了一点。

三是文化色彩不浓。组织方要求学生围绕连云港市《西游记》文化主题写反映新时代连云港风采，表达对家乡的热爱和赞美。原稿对家乡的热爱和赞美基本做到足额足量，但是西游文化只在花果山那一段蜻蜓点水一带而过，就使得全文看起来西游色彩过于弱化，没有充分体现连云港作为《西游记》文化发源地的特色气质。

　　四是个别表述不准。原稿写铁路线把方向搞错了。连云港位于我国东部黄海之滨，东与韩国、日本隔海相望，铁路线一直向西延伸。原稿写成向东延伸，显得与实际不合。

　　针对这些不足，修改稿在原稿基础上做了较大调整，热爱主题更加鲜明，表达内容更加充实，西游文化色彩更加浓厚，文章结构更加清晰。主要有以下几大变化：

　　一是突出重点。从连云港人文地理特点出发，修改稿将花果山、黄海与大陆桥铁路作为重点叙述，分别用三个大段落描写，以体现其足够分量和主体地位。第六段则将原稿中略述的诸多连云港风物作为配角，集中在一段烘托前面三大主体，同时丰富连云港的人文内涵。写作首先要明确到底什么是重点，明确重点后就集中阐述，其他次要内容则略述，以求烘云托月、增加层次之效。如果不能明确重点，就容易陷入平均用笔、面面俱到、不痛不痒的窠臼。重点突出是任何一篇文章都不能绕开的写作定律。希望各位妈妈努力把好这一关。

　　二是铸魂立魄。魂魄是文章内在主旨，也是文章精气神。修改稿紧紧围绕《西游记》文化主旨，从头到尾分别从不同内容特点出发融入各有侧重的《西游记》文化元素，使得文章不再机械叙述，而是文化内核与地理风物深度融合、水乳交融、浑然一体。第一段开头通过点出现代与古典的城市特质，引出迷人而深远的西游古韵序幕，为后文描写西游文化鸣锣开道。第二段紧扣花果山是孙大圣老家这一文化渊源，在描写花果山美景过程中表达花果山以及孙大圣对自己和港城少年儿童的深刻影响，写出孩子的独特感受，既显得非常自然，又切合花果山的独特魅力。第三段采用虚实相间的笔法，实笔写了黄海上空飞翔的海鸥、黄海岸边蓬勃发展的产业园区，虚笔写了黄海的浩瀚宽广，并以佛祖如来的宽广与包容形容港城的胸怀。写到了黄海，不能不提东海龙王。小朋友们知道吗？在古代，黄海也叫东海哦。东海龙王有什么作用呢？让他给美丽的连云港点个大赞。虚笔手法理解运用起来比较难，其中联想和想象的手法都属于虚笔，适当运用虚笔也是丰富文章所需。第四段写向西延伸的新亚欧大陆桥铁路，自然就联想到西天取经路上斩除妖魔鬼怪的历险故事。现在有了新亚欧大陆桥铁路，再往西走自然就不会再经受那么多艰难险阻了，而且不再是到西方取经，而是创造自己的发展真经，显示出新时代中国发展的文化自信。第五段用概括性语言写出其他诸多景物特色，和前文形成有详有略的各自特点。第六段由己及人，虚写孙大圣回老家一定也会像自己一样热爱美丽的连云港，表达其对连云港的热爱之情。第七段结尾从文化层面升华主题，写自己与城市的深厚感情和文化血缘。这种写法很有借鉴价值，每段都能主动围绕主题选择某一侧面生动表达主题思想，做到魂魄形神汇聚、内在脉络相连相通，画龙点睛，感情升华，大方大气。

三是改正错误。主要把新亚欧大陆桥铁路延伸方向由向东改为向西，并在向西的路上增加部分地名及取经的历史故事。写作文要尽量符合客观实际，保持表达方式的规范性、写作对象的合情合理性，不能出现科学性和原则性错误。出现这些错误，文字写得再好也不妥。各位妈妈帮助孩子改作文同样要坚持科学合理的原则，不仅仅是对文辞修改润色，而且要善于发现科学性和常识性错误，并作出恰当修改调整。

四是充实内容。每段围绕段落主题增加虚实相间、动静结合的内容，使得每段内容饱满充盈，让人看完这篇文章感觉不来连云港旅游一圈就会留有遗憾。此外，修改稿还在主题提炼、情景交融、情感抒发、文字锤炼、段落规整等方面分别做了调整优化，不再细述。

游玩花果山

（原稿）

星期六的早上，我和爸爸、妈妈去爬花果山。花果山上人来人往。

我和妈妈、爸爸走的路和别人不同。我们走到景色非常美的地方。小溪轻轻地流动，树叶哗哗地响，像是在奏着美妙的乐曲欢迎我们来做客。树上的小鸟也不闲着，唱着优美的歌曲。秋风一吹，树叶就落了下来，漂浮在水面上。

我和爸爸妈妈躺在石头上，几乎都要睡着了。我采

游玩花果山

（第二稿）

星期六早上，天气格外晴朗，微风怡人。我披着明媚的阳光，高兴地跟着爸爸、妈妈到花果山游玩。

山道上人来人往，游人如织。我和妈妈、爸爸另外开辟了一条道路。那里游人很少，景色十分优美。一条小溪从山上蜿蜒而下，一路唱着"叮咚、叮咚"欢快的歌曲。我还蹚着清清的小溪，尽情享受夏日的清凉。再向山上前行，只见一片青青的竹林，站立在我们眼前。它们长得笔直、茂密，似乎挡住了我们的去路。我和爸爸、妈妈就穿越其间。风吹过后，竹叶哗哗作响，像是奏着美妙的乐曲欢迎我们来做客。我穿梭在竹林间，细细观赏一枝一叶，原来这就是闻名的金镶玉竹，金黄色的竹枝间还镶上一条碧绿的条纹，非常美丽，大自然真的太神奇了。树上小鸟也不闲着，展开婉转的歌喉，还欢快地在竹林间跳来跳去。

了一朵花给妈妈戴在头上，妈妈就像花仙子一样美丽极了。

累了，我和爸爸妈妈躺在石头上休息，几乎都要睡着了。

今天游花果山不走寻常路，赏玩到不一样的风景，心情真的很美。

游玩花果山

（第三稿）

星期六早上，天气格外晴朗，微风怡人。我披着明媚的阳光，高兴地跟着爸爸、妈妈到花果山游玩。

花果山游人如织。我决定带着妈妈、爸爸另辟蹊径，顺着一条山溪往上爬。那条山溪从山上蜿蜒而下，一路跳跃，给幽静的山谷增添了喧闹，游人很少，景色十分迷人，真是有水则灵啊。水帘洞的水如瀑布，似水帘，哗哗而下，带点粗犷。这里的水如歌曲，似音乐，潺潺作响，多了几分温柔。秋风一吹，树叶就落了下来，漂浮在水面上。我更爱山溪灵动、柔和的美。

再向山上前行，只见一片茂林修竹，站立在我们眼前。它们长得笔直、茂密。我和爸爸、妈妈穿越其间。风吹过后，竹叶哗哗作响，像是奏着美妙的乐曲欢迎我们。这就是非常有名的金镶玉竹。金镶玉竹是连云港市花果山独有的名竹，奇特之处在于嫩黄色竹竿上每节都有一道碧绿色浅沟条纹，犹如根根金条上镶嵌着块块碧玉，所以美其名曰"金镶玉"。据说，当年孙悟空取经回来后，为给花果山上的竹子做个标志，就从身上拔了一根毫毛，变成碧玉，镶嵌在花果山竹子上。这可能就是中国最早的防伪标签了。为展示中华名竹，原邮电部1993年特地选择金镶玉竹、紫竹、佛肚竹、茶杆竹和楠竹发行一套五枚邮票。其中，金镶玉竹就取材于花果山。为了纪念此事，1995年连云港市在花果山屏竹禅院西南山道边设立金镶玉竹邮票石碑，成为游客拍照留念景点。

竹子与梅花、兰花和菊花被古人誉为花中四君子，分别被赋予高风亮节、高洁坚强、清淡雅致、淡泊名利等寓意，成为历代文人墨客歌咏不已的素材，留下了大量脍炙人口的名篇佳作。

我穿梭在竹林间，尽情欣赏一枝一叶，惊叹大自然的神奇魅力，更深刻理解古人为何深爱竹了。"历冰霜、不变好风姿，温如玉"的坚贞，"迸箨分苦节，轻筠抱虚心"的谦虚，"种竹淇园远致君，生平孤节负辛勤"的孤高，"竹影和诗瘦，梅花入梦香"的清癯……带着暗香的诗句款款而来。

树上小鸟踩着阳光在枝头欢唱，它们赞美欢乐的家园，陶醉迷人的美景，欢迎我们的到来。我们行走其间，身心俱乐，真有"竹深树密虫鸣处，时有微凉不是风"的妙处。

累了，我和爸爸妈妈躺在石头上小憩片刻。我静静地看着云卷云舒，感受着清风拂过竹林，再从我的身边吹向山野，真像孙悟空回到老家一样，享受难得的静谧之乐。

可敬的妈妈们： 爱玩是孩子的天性，不但可以促进孩子更加活泼开朗，而且还可以熏陶孩子的健全品格。尤其是登山活动更是孩子的最爱，可以深层次接触大自然，全面锻炼孩子体格，开阔孩子视野，培养孩子观察能力。这篇《游玩花果山》就是笔者陪同孩子到连云港市花果山游玩之后写出来的。

原稿虽然不长，但是基本能抓住景物特点描写，突出主体，结尾很有孩童的个性。缺点是景物描写比较简单，没有抓住花果山的特点多选几个视角，立体展现花果山的美景，同时注意写出自己的感受，做到情景交融。

当然，如果要写好花果山，就得先了解花果山。大家写任何对象，都应首先全面了解对象，熟悉对象，然后根据主题表达需要，结合自己所见所闻所感谋篇布局，择要而言。

花果山到底是一座什么样的山呢？花果山位于黄海之滨、江苏省连云港市云台山脉，是国家 AAAAA 级旅游区，其中花果山玉女峰是江苏省最高峰，海拔 624.4 米，古树参天，水流潺潺，花果飘香，猕猴嬉闹，奇峰异洞，怪石云海，景色神奇秀丽，自古就有"东海第一

金镶玉竹奇特之处在于嫩黄色竹竿上每节都有一道碧绿色浅沟条纹，犹如根根金条上镶嵌着块块碧玉，所以美其名曰"金镶玉"。

胜境"美誉。花果山最为著名文化名片就是孙悟空老家。吴承恩当年因登临花果山而产生很多创作灵感，创作出神话小说《西游记》，让花果山名扬内外。当地至今流传很多关于孙悟空的神话传说。花果山现有水帘洞、娲遗石、七十二洞、唐僧崖、猪八戒石、沙僧石、高老庄等与《西游记》有关的人文景点。

花果山野生植物资源十分丰富，其中金镶玉竹最为有名。金镶玉竹是中国四大名竹之一，是连云港人引以为傲的地方名产。比较奇特的是，每个竹节中都有一条碧绿条纹，好像镶嵌在上面似的。导游喜欢这样给外地游客介绍，说上面碧绿条纹是孙悟空放在上面的防伪标签。花果山文化底蕴十分厚重，还有大量古建筑、古遗址、古石刻以及历代文人墨客的游踪手迹。

我们知道花果山主要特点后就可以结合自己感受最深之处动笔描写了。小作者根据自己行进路线从花果山众多元素中选择了溪水和金镶玉竹，就很好突出了本文的写作中心。现在看看第二稿跟原稿相比增加了哪些内容：一是增加环境氛围，在开头交代天气情况，营造清朗欢快的气氛，比原稿直接写登山要自然很多。二是将落叶直接调整为金镶玉竹，集中笔墨介绍花果山名竹，为减少干扰，略去落叶内容，比原稿内容更集中。描写景物已经注意多角度展示事物特点，展示给读者立体可感的形象。多角度包括事物的形、色、声、味、质等方面。写小溪可以写"叮咚的声"，还可写"弯曲的形""质地的清、凉"；写竹子可以写"哗哗的声"，还可写"笔直的形""金玉的色"。这样，小溪和竹子才更加形象生动可感可触，文章内容自然就丰富多彩起来。本篇作文，"我"一直活泼跳跃在字里行间，这是写景作文中不可或缺的主角哦。但是还显得有些单薄，描写还局限于眼睛看到的，还没有很好地透过金镶玉竹写蕴含在背后的丰富内容，也没有很好地情景交融，整体显得还不够滋润，跟《美丽的石棚山》相比，还有较大润色空间。

第三稿在第二稿基础上围绕主题继续集中深化，紧紧围绕山溪和金镶玉竹描写花果山的独特之美，基本变化成为一篇具有丰厚古诗文内涵的散文，能够抓住竹子的品格特征做深入思考。这是更高层次的要求，既要求作者具备丰富的诗文储备，又要求作者善于总结、概括、提炼，才能深化文章的主旨。

先看山溪。考虑孩子大都喜欢戏水，第三稿从孩子视角增加了山溪的动感描写，同时将其与水帘洞的水帘做了形声对比，以显示山溪之美的不同之处，并在描写中间和结尾强化心理感受，让山溪更加明晰动人。

再看金镶玉竹。每一座山都有很多特点，写山也要紧紧围绕主题描写自己印象最深的事物，不可能面面俱到，也不必事无巨细。小作者从花果山众多元素中选择山溪和金镶玉竹。在这两者之间，金镶玉竹显然更能体现花果山的特点，因此又比山溪分量更重。提到花果山的竹子，人们自然而然就会想到金镶玉竹。需要对金镶玉竹作充分说明，以便人们更能直观形象理解。把事物说透、说清、说精，是提高表达效果的重要办法。第二稿写出了眼里看到的竹子，第三稿则既写眼里看到的竹子，又写心里想到的竹子，也就是金镶玉竹的自然特性和人文内涵。

跟第二稿相比，第三稿写金镶玉竹增加以下内容：一是说明其得名缘由；二是介绍神话传说；三是描述被选作邮票经历；四是叙说花中四君子梅兰竹菊的文化内涵；五是通过引用诗文颂扬竹子的高尚品格、升华文章主题，也就是前面所说通过提势拓展内容、深化主题。第三稿最后两段依然在清凉优美的竹意境中抒写欢快轻松的心情，为本次攀登花果山增加愉快的结尾。

这种写法给大家很多启发：一是善于通过眼里看到的写出心里想到的；二是善于从可见可感的具体对象写看不见的心理活动、历史文化、精神理念；三是善于从多侧面选择素材立体展示叙述对象，让作文内容更加丰富；四是注重在字里行间写出自己的真情实感；五是平常注重阅读、消化和吸收中国优秀传统文化，以求得心应手融会于写作。

其他调整之处，不作细述，请大家对照比较。

美丽的石棚山

（原稿）

石棚山是一座非常适合春游的山。去年春天学校组织《苍梧晚报》的小记者们去石棚山游玩。那情景至今仍历历在目。

那里的花草很多。走在弯弯的小路上。可以看到左右两旁那些美丽的花朵。有红的、白的、紫的、黄的……像一幅姹紫嫣红的图画，真不知道春姑娘是怎么调出这些五彩缤纷的颜色的。在画的两旁有一棵棵小草，好似翡翠一样绿。春天山上的小草似乎和城里的小草不同。城里的小草都是经过修理的，非常整齐，而山上的小草长得非常自然，高矮不同，又格外精神。"绿色翡翠"配上"姹紫嫣红"的图画，景象真是美不胜收。

在山腰间有一块阴凉地。和煦的春风吹在脸上，顿觉心旷神怡。站在阴凉的地上向下看。可以看到一棵棵挺拔青翠的大树和满地绿色的青草，美得让你依依不舍。

这么美丽的石棚山能不引起你出发的脚步吗？我真诚希望大家能采纳我的建议哦。

美丽的石棚山

（修改稿）

石棚山位于海州古城东边，不算很高，历史悠久，风景优美，是一座非常适合春游的山。去年春天学校组织《苍梧晚报》的小记者们到石棚山游玩，情景至今仍历历在目。

石棚山上奇形怪状的石头很多，很多石头上还留有历代文人墨客的书法碑刻。且不说佛手岩、群龟探海、犀牛斗象等景点，也不说天蟾独跃、海豹望月、金猴拜山等怪石，单是蔚然覆盖的石棚和充满诗情画意的石曼卿读书处就让我流连忘返。

石棚位于山顶，由一块巨大的长椭圆巨石如盖垫于几块石头上，形成一个天然的棚屋，矮处有半人高，高处可以站个大汉，既给人扑面而来的视觉震撼，又给人摇摇欲坠的心理担忧，上面刻有"高行清风"四个大楷，屋子里还有石桌石凳，石凳南侧石壁上刻有"石棚"两个大隶，一块支撑石棚的尖尖的石头北侧也镌刻"观澜"两个大楷。石棚山远离大海，为什么在这里刻"观澜"呢？我莫名其妙，便向带队老师讨教。老师告诉我，在清朝康熙年间以前，黄海海岸线就在与石棚山相隔咫尺的孔望山脚下，当年孔子来连云港望海，就在孔望山上，古人站在石棚山上就可以看到大海了。原来如此，我恍然大悟。我坐在石凳上，抬头望望摇摇欲坠的石棚，不由得惊讶于大自然的鬼斧神工以及沧海桑田的奇妙变迁，石棚山这个名字起得真是名副其实。

我从石棚往西南走十几米，就看到一块犹如昂首而卧的乌龟石，向阳背风，地势平坦，芳草萋萋，还有几块光滑滑的圆石散落于前，在乌龟石腹部刻着"石曼卿读书处"五个遒劲厚实的斗大隶书，由明朝嘉靖年间海州知州廖世昭所题。根据记载，宋朝大诗人石曼卿在海州做官时喜欢到这里读书弹琴、饮酒作诗，有一次突发奇想，如用泥土包裹桃核扔到山上，能不能把桃树种活呢？于是，他让人拾桃核数斛，人不到处，以弹弓种之，不数年，桃花遍山谷。现在每到春天，石棚山上上下下满眼都是粉红的桃花。我想，这大概和石曼卿的故事有关吧。后来，很多文人墨客来到石棚山游览此处，就禁不住吟诗作文，以记此事。其中，比较有名的是清朝杨锡绂写的两首《石曼卿读书处》。第一首写种桃：偶将桃核裹黄泥，花满青山树满蹊。赢得诗人溯遗迹，东风日暮鹧鸪啼。第二首写读书：书声何处听孱颜，石室长年碧藓斑。只有一轮无恨月，千秋常照石棚山。我坐在一块圆石上，让和煦的春风吹在脸上，眼前是三春日暖、杂花生树、草长莺飞，真是读书好地方，心想当年石曼卿是不是也是这样坐在这里，像我今天一样心旷神怡，满怀欢悦。

　　春天的石棚山是多姿多彩的植物世界，让人目不暇接。走在弯弯的小路上，可以看到左右两旁野生的美丽花朵，有红的、白的、紫的、黄的……像一幅姹紫嫣红的图画，真不知道春姑娘是怎么调出这些五彩缤纷颜色的。我们一群女孩子因为这些小花而心花怒放，有的采一把扎在辫梢，有的采摘几朵挂在胸前，有的干脆跪在地上贪婪地嗅着花朵的芬芳……在花的周围是一片片嫩绿嫩绿的小草，好似翡翠一样绿润润的，特别可爱。春天石棚山上的小草似乎和城里的小草不同。城里的小草都是经过修理的，非常整齐，而山上的小草长得非常自然率真，高矮不同，胖瘦不均，格外精神。绿色翡翠配上姹紫嫣红的图画，景色真是美不胜收。

　　站在山顶向远看，映入眼帘的又是一番风景。南边是高耸的锦屏山，东边是历史文化名山孔望山，西边是人来人往的海州古城，北面是高楼林立的市区。漫山遍野的花草树木又是另一番景象，树木姿态万千，有的直冲云霄，有的弯下腰肢，像是顾盼山间的美景，有的身上盘满了藤蔓，开满了一簇簇的野花花……我想单是静下心来细细观看这些千奇百怪的树木也该十分惬意了。一棵棵桃树点缀在中间，开得十分妩媚。花草铺地，把山野装扮得非常美丽。单是那花花朵朵的艳丽和那青草油油的绿色，也足以让你流连忘返，怪不得大诗人石曼卿会选择这样一个地方来读书呢！

　　这么美丽的石棚山能不引起你出发的脚步吗？我真诚希望大家都能在春天来石棚山游玩。

　　可敬的妈妈们：写山水文章，是一个较大难题。只要掌握笔法，孩子依然可以才思如泉涌。写山水文章的角度基本笔法主要有：一是点面结合，"面"即整体面貌是什么，"点"即要突出某些重点铺写；二是突出山水厚重的文化内涵，达到内外兼修；三是情景交融，寓情于景，物我两融。能让读者看到这三个重点内容，应该是篇充实丰富、形神兼备的好文章了。

　　原稿语言明快，格调清新，移步换景，有一定感染力，比较生动地写出了石棚山上石头、花草的特点。移步换景是写山水文章常常采用的方法，目的是从不同角度、不同地点立体刻画景物。例如，"像一幅姹紫嫣红的图画，真不知道春姑娘是怎么调出这些五彩缤纷的颜色"，一个"调"字拟人化写出春天五颜绿色的美。又如，"绿色翡翠配上姹紫嫣红的图画，景象真是美不胜收"。小作者用极富概括而又生动形象的比喻语言写出和谐的画面美。"这么美丽的石棚山能不引起你出发的脚步吗？"最后用反问句式很有诱惑地呼吁读者探访石棚山，一睹天然的原生态美景。

　　作为低年级阶段练笔作品，原稿基本可以拿得出手。如从更高层次看，原稿在以下几点显得不足：

石棚山“石曼卿读书处”向阳背风，地势平坦，芳草萋萋，怪不得大诗人石曼卿会选择这里读书呢！

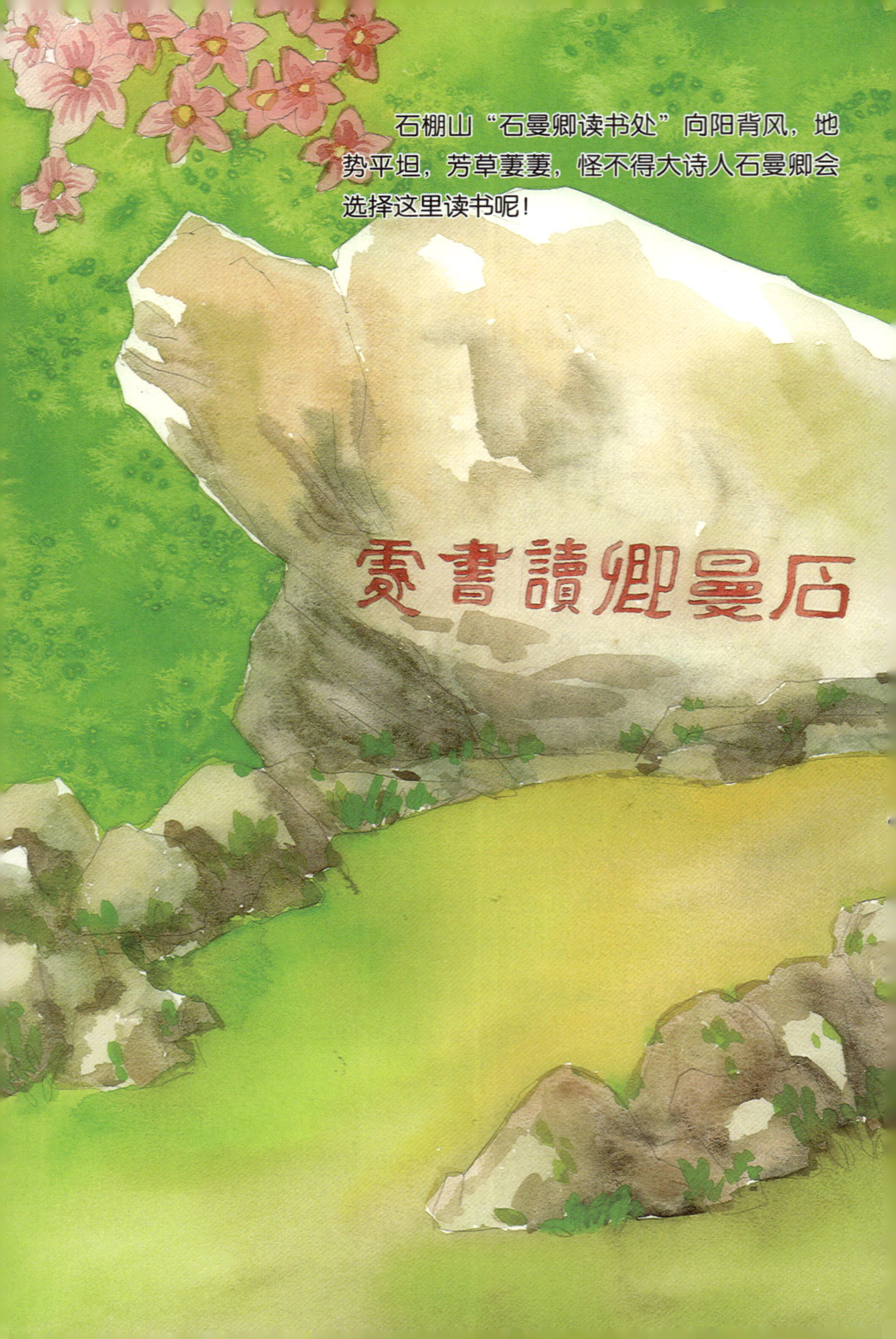

一是主体单调。据其山名"石棚山","石棚"应该是重点描写对象，可是原稿重点写了春天石棚山上花花草草的多姿多彩，没有描绘石棚山上石头特别是石棚的特点以及历史文化传说，让人只感受到石棚山的自然美，感受不到石棚山的独特之处和历史人文美。这与石棚山名称由来及宋朝大诗人石曼卿读书故事的历史文化距离较远，缺乏规划文章重点的思考和厚重的人文内涵。各位妈妈带着孩子游山玩水前，最好自己先做足功课，尽量了解所游山水的文物古迹、历史文化、自然地理、名人逸事等相关知识点，以便和孩子游玩时分享传递、沟通交流，让孩子在感受山水风光之际增长知识、拓展眼界、丰富内心、培养情怀，同时锻炼孩子的写作思维，实现行千里路、读万卷书。

二是散而缺神。原稿每段虽然能够做到下笔有物、侃侃而谈，但是这些叙述对象处于自然散落状态，缺少类别或主题的提炼指引。比较典型的是第二段，开头写花草多，接着写山上草与城里草差异之处，平铺直叙，缺少紧密关联度。

三是情景未融。原文写了石棚山上的花花草草，尽管使用了轻松明快的词汇，能够让人感受到石棚山的美好，但是没能把自己放到情境中，写出自己的真情实感，因此难以打动人。我们阅读写景文章后，有时候会产生共鸣，与作者产生同频共振的情感，内在原因往往就是情景交融、情融于景、人融于境。南朝刘勰《文心雕龙·神思》说"登山则情满于山，观海则意溢于海"，说的就是这个道理。物我相融、情景交融、寓情于景的"绵绵情丝"要弥漫于字里行间。

四是就山写山。石棚山美景很多。小作者主要抓住野花和野草来写。这是小作者用童心来感受春天的美。原稿笔墨没有全面铺开，显得粗糙，尤其是竟然找不到一丝童趣，甚至野趣，丧失了应有美感。无论怎么写都让人对石棚山的认识缺少立体感、方位感。如果站在更远处观望石棚山，或者站在石棚山上向更远处眺望，并把这种情境或感受写出来，就会通过石棚山与周围事物的关联、对比或映衬而呈现鲜明的立体感，增加语言感染力。孩子要善于把叙述对象放在一个更大视野内感受体会及描述描写，就会比较容易凸显叙述对象的特点、风格，给人更加深刻的印象。每个景物都不是独立个体，每个人也不是独立个体。孩子要善于把景物和人物放在一定的大环境中去凸显特点。大家在看电影、小说等文艺作品时，经常会看到自然环境、社会环境。这些都为人物性格塑造、命运走向提供厚实的基础。

石棚山是连云港市历史文化名山，海拔71.2米，坐落在海州古城东部，东南分别与孔望山、锦屏山相邻，北为市区，山有巨石，覆压岩上如棚而得名，一名万花岩，又名锦岩山，是宋代文学家石曼卿宦游之地，山上奇石众多，留有历代文人题咏碑刻，风景秀丽，自古闻名遐迩。我们初步了解石棚山特点后，结合前面问题分析，就可以"照图施工"加工润色了。请看修改稿：

第一，开头一段用面点题。开头首先点明"石棚山位于海州古城东边，不算很高，历史悠久，风景优美"，这是概括性描写石棚山，文字增加不多，但把要写的基本点都说出来了，为后面叙述架设了主题框架，后面实际上就是围绕历史悠久和风景优美这两个方面铺展开来的。孩子起草文章开头，如主动考虑呼应正文，就比较容易做到文章结构清晰、前后呼应、文脉相连、一气呵成；如开头跟后面联系不紧甚至没有关系，就会造成神散形乱。

第二，突出历史文化重点。作为一座山，石头是精华，又因为文学家石曼卿在此读书而引人入胜，不得不从它下笔，然后再回到所写的重点，这样才有大开大合之感。这段总体布局是先概括描写石棚山的石头特点，又是一段面上的描写，营造面上的环境氛围，然后点名部分怪石，从这些怪石中突出石棚和石曼卿读书处，浓墨刻画点上的丰富内涵。第二、第三段点面结合运用圆润自如，文章也就如行云流水了。

石棚到底什么样子呢？这是读者关心的内容。石棚山写了三块内容：一是自然形态，写出了石棚的形状、结构、高度及设施等事项，让读者有个直观印象。二是石刻文化以及隐藏在其背后的自然历史和人文情怀，重点选取"高行清风""石棚"和"观澜"，第一个意在突出古人寄寓在石棚上的高尚情操，第二个意在点题，第三个意在回溯大自然的历史变迁。三是心理感受，写出作者坐在石棚下面的真实感受，进一步渲染烘托石棚的鬼斧神工。

石曼卿读书处为石棚山最有知名度的文化景点。这块内容应该给大家描绘为什么石曼卿选择在这里读书、当时读书种桃的动人情景、现在石棚山上桃树跟石曼卿这个传说的关系，既然写文人雅士，当然少不了提及后人吟咏的经典诗词，再加上自己作为读书人的心理感受。这样就能做到有虚有实、有点有面。本段采用移步换景笔法，很自然地从石棚转到石曼卿读书处。本段首先写读书处的环境"向阳背风，地势平坦，芳草萋萋，还有几块光滑滑的圆石散落于前"，说明这里适合读书；写乌龟石腹部"石曼卿读书处"隶书石刻意在点题；记述石曼卿读书种桃情景引用了历史记载，并与眼前桃树形成历史与现实的互动交融；之所以从众多历代文人吟咏诗词中选择杨锡绂《石曼卿读书处》两首诗，是考虑这两首很有代表性，分别写种桃和读书两个场景，而且都写得诗情画意、情景交融、生动贴切、堪称佳作；最后写自己坐在此处想象石曼卿当年的心理活动，把自己放进环境，古今互动，更有感染力。

第三，集中写景增添童趣。小朋友的内心是纯真的。孩子如果通过生动活泼的写景把纯真表现出来，那也是一种美啊！它美过高山白云，它美过红花绿草。文中如果没有大家的笑语盈盈，没有大家内心的浪花点点，文章就不灵动了。考虑到原稿写景已经比较生动，修改稿第五段在开头加一句概括性描写"春天的石棚山是多姿多彩的植物世界，让人目不暇接"，意在先让人有个整体印象；接着增加一段女孩子面对花花草草的快乐情形，以表达女孩子特有的气质；再把文字表达简单规整，就比原稿生动多了。

古今中外成功描写童趣的作家很多。大家耳熟能详的作家可能当数鲁迅先生了。鲁迅先生写少年时期散文是比较重视童趣的。在《闰土》《三味书屋》等中都有经典的描述。大家比较熟悉的是《三味书屋》中描写菜园："不必说碧绿的菜畦，光滑的石井栏，高大的皂荚树，紫红的桑椹；也不必说鸣蝉在树叶里长吟，肥胖的黄蜂伏在菜花上，轻捷的叫天子（云雀）忽然从草间直窜向云霄里去了。单是周围的短短的泥墙根一带，就有无限趣味。油蛉在这里低唱，蟋蟀们在这里弹琴。翻开断砖来，有时会遇见蜈蚣；还有斑蝥，倘若用手指按住它的脊梁，便会拍的一声，从后窍喷出一阵烟雾。何首乌藤和木莲藤缠络着，木莲有莲房一般的果实，何首乌有臃肿的根。有人说，何首乌根是有像人形的，吃了便可以成仙，我于是常常拔它起来，牵连不断地拔起来，也曾因此弄坏了泥墙，却从来没有见过有一块根像人样。如果不怕刺，还可以摘到覆盆子，像小珊瑚珠攒成的小球，又酸又甜，色味都比桑椹要好得远。"特别提醒的是，"单是"后面内容是文章重点所在，要花费笔墨去润色。

第四，换个视角看立体景。宋朝苏轼《题西林壁》中"横看成岭侧成峰，远近高低各不同"之所以成为名句，最根本原因就是生动表达了全方位立体化观察思考的思维、方法和原则，能够给世世代代各行各业的人以直接有效启发。这种方法也常用于作文，从不同角度各有侧重描写对象，立体、全面、生动地展示人和事物的面貌和特点。这是写作很好的笔法，不仅可以用于写景，而且可以用于写人，希望大家熟练运用。原稿"站在阴凉的地上向下看"说明作者笔下已有立体思维的初步意识，看到的也只是"一棵棵挺拔青翠的大树和满地绿色的青草"，既没有展开描写，又没有深入刻画，段落内容显得单薄零落。修改稿第六段开头依然先说总体印象"站在山顶向远看，映入眼帘的又是一番风景"，接着分别用粗线条描写东西南北四个方向的远景以及花草树木，段尾依然回到石曼卿读书这个话题。这段远距离粗线条略写与前面近距离工笔刻画，就构成了有机统一的整体，让人对石棚山的特点及环境有了全面生动的印象。

　　这篇作文具有一定典型性。大家从中可以感受体会从小学、初中、高中、大学乃至作家散文创作等不同层次的文章特色。石棚山除石棚和石曼卿读书处，还有试剑石、糜竺墓、芙蓉洞、佛手岩、小九曲、张公去思碑、锦岩等诸多景点及其他名人题刻，与其相关历史文化典故也不少。孩子结合不同阶段写作要求，参照修改稿描写其他景点，融入自己的情感体验和心理感受，还可借物言志、抒发情怀，就可多姿多彩写出符合相应阶段要求的作文。孩子在大家的精心培育和长期熏陶下，一定也会如石曼卿喜爱读书，写作思维也会如石棚山的桃花，在春天里灿烂开放。

美丽的星海湖

（原稿）

在我的故乡，有一个无比大而美丽的湖——星海湖。

沿着小路走，穿过马路、大桥和红绿灯，你能看见一个美丽的湖畔，它的美无法形容，如同仙气围绕左右，仿佛里面住着仙子。湖面一片清澈，像刚结冰的水一样。偶尔有一两片树叶漂在水面，水面微微波动。湖边上有许多游客，大人、小孩、老人，有拍照的、画画的，还有放风筝的，大家玩得都十分开心。瞧！那个女孩，看上去应该有十几岁了。她穿着裙子，在晚霞和湖水

美丽的星海湖

（第二稿）

在我的故乡，有一个无比阔大而美丽的湖——星海湖。在清晨或雨后，她散发出淡淡的仙气围绕左右，仿佛里面住着一位美丽的仙子。弯弯的小桥、郁郁葱葱的树木和青色的大山也都笼罩着雾气，美丽极了。

在阳光灿烂的天气，湖面一片清澈，像过滤的水一样透明。微风吹来，水面微微波动，偶尔有一两片树叶漂在水面，给湖面增添了灵动的美，还能看到水里自由自在的鱼呢。它们三五成群，结伴玩耍，一点儿也不怕人。每当我和妹妹看到游鱼时，都会激动不已，呼喊着，叫唤着，就像这些自由自在的鱼一样啊！

的倒影下是那么美丽。她画的是那被晚霞涂了色的湖呀！好迷人，马上就要胜过那湖原有的美了。

在阳光的告别下，人们都回家了，都开开心心、高高兴兴地回了家。湖的边上，一座优美的山。一座不被定义的山，自在、快乐、悠然。葱葱郁郁，特别茂盛，随心所欲地生长，总是无拘无束。湖水与高山，相映成趣，估计湖水无聊之时，便会找高山玩。

对啊！那高洁的湖水与自在的高山是有几分般配。这星海湖的美让我无法形容，让我无比陶醉。

和湖水紧挨着的，是优美的花果山。花果山就是孙悟空的老家哦。这里风景如画，树木葱葱郁郁，特别茂盛，精神抖擞地生长，给星海湖增添了美丽的背景。湖水与高山，相映成趣，估计湖水闲暇之时，便会找高山一起玩耍。对啊！那高洁的湖水与自在的高山真是十分般配。

星海湖的美丽十分诱人吧，每天都吸引许多游客来赏玩。大人、小孩来此游玩、拍照、画画、放风筝等等，大家都陶醉于这动人的湖光山色，在她的怀抱里玩得十分开心。

我也常常陶醉在星海湖的美丽之中，那清澈的水，那迷人的树，那高大的山，还有那"接天莲叶无穷碧"的荷花！

美丽的星海湖

（第三稿）

在我的故乡，有一个美丽的湖泊。她如一颗明亮的星星闪烁在我的故乡，又像一片宽广的大海偎倚在我的脚下。她就是我天天走过、日日玩耍的美丽星海湖啊！

说她是一颗明亮闪烁的星星，是因为她有一副圆圆的脸蛋和清爽的皮肤。星海湖是一个圆形的湖，周长大约有四公里。满满的一湖水，就是她清爽的皮肤，清澈透明，任由群鱼欢快地游来游去。我和妹妹一见到群鱼自由自在地游玩，就叫喊着，呼唤着，仿佛我们也成了自由自在的鱼。晚上的她就更美丽了，一改白天的温柔，随着欢快的音乐跳起欢快的舞蹈来。她就是一颗明亮的星星闪烁在我们眼前，加上周围霓虹灯的映衬，真的美丽极了。我们这些小朋友，也跟着手舞足蹈，常常因为她的欢快而拽着爸爸妈妈多待一会儿。我也看过其他美丽的湖，但我还是觉得没有星海湖的湖水清澈、富有朝气与活力。

说她是一片宽广的大海，是因为她有宽大的身姿和宽广的胸怀。星海湖占地五百亩左右，她的身姿不算弱小吧。每当雨季来临，她汪汪的一湖水，在风的吹拂下，扬起的浪头拍打着岸边石头，发出巨大的响声。在晚上，我还真的非常害怕呢。她还有大海般宽广的胸怀。她和大山为伴，湖的边上就是美丽的花果山。雨季来临，她一高兴就狂欢起来，奔跑到花果山脚下找大山玩。她还与杨柳共舞呢，杨柳长发飘舞，她敲打着石头击掌呼应。她还有弯弯的小桥、"接天莲叶无穷碧"的荷花，还有连云港历史上许多文化名人。对啊，那些高洁的灵魂与星海湖的清澈湖水是不是很匹配啊？

"山不在高，有仙则名；水不在深，有龙则灵。"有了这些高风亮节的人相伴，星海湖更加灵秀动人了。美丽的星海湖难道不是明亮闪烁的星星、宽广浩荡的大海吗？

可敬的妈妈们： 每个地方大大小小都有河流或者湖泊，也是大家陪同孩子游览、玩耍、散心的好地方。现在各地都很重视河流、湖泊保护和开发工作，除了建设步行设施供大家亲近自然，还会增加部分文化和宣传内容，变成公民教育和道德熏陶的公共文化场所，当然也是大家寓教于行的好地方。连云港的星海湖就位于花果山下，每天都会吸引很多家长带着孩子到湖边玩耍。

这是在涵涵同学所写星海湖作文基础上经过多次修改完善而成的系列作文，前后共有四个版本，基本展示了由粗糙零散、细化丰满、结构凝练到主题升华的动态递进过程，能够比较清晰展现一篇作文是如何从丑小鸭蝶变成为小天鹅的，也包含了丰富的作文修改方法，具

星海湖清澈透明，还有弯弯的小桥、
"接天莲叶无穷碧"的荷花。

莲，花之君子者也
噫！菊之爱，陶後鲜有闻
莲之爱，同予者何人？
牡丹之爱，宜乎众矣。

有一定代表性。考虑到对比清晰性和主题集中，现只选择原稿、第二稿、第三稿。鉴于第四稿主要在第三稿基础上增加第四段，比较直观，另附于后，供大家参阅。

原稿比较粗糙，小毛病较多，拥有部分孩子写作文的常见不足，虽然罗列星海湖诸多内容，但整体显得精神涣散、主题模糊、内容杂乱。主要不足有：

一是无关内容较多。"沿着小路走，穿过马路、大桥和红绿灯"和文章主题无关；"在阳光的告别下，人们都回家了，都开开心心、高高兴兴地回了家"同样和文章关系不大。这也是部分孩子写作文常见问题，比如写跟爸爸妈妈出去玩，往往从在家准备活动、沿路所见所闻写起，甚至从前一天细碎事情写起来，写了大半内容还没到达目的地，而不善于拨云见日，直奔主题。

二是主体不突出。写星海湖重点理应放在水上，其他山、树木、亭台、人物等都应从不同侧面烘托湖水的美丽。原稿围绕水的描写太少了，如能将水作为重点正面描写，再从各个侧面描写烘托，就会主体突出。

三是情境烘托不自然。描写景物应考虑所处的情境状态，才能让描写更加贴合实际，符合常理，更加生动；离开情境直接描写，就会显得生硬不自然。例如，"它的美无法形容，如同仙气围绕左右，仿佛里面住着仙子"属于雨后或清晨、晚上的景色，可以安排在这样的天气中写。

　　四是人境不和谐。本文意在描写星海湖的美丽，无论是人还是其他景物，都应从属和服务于这个主题，烘托或渲染星海湖的美丽，否则就是争抢星海湖的风头，反而降低或冲淡了星海湖这个主角的魅力。比较典型的是"瞧！那个女孩……马上就要胜过那湖原有的美了"。这一段写人就没有把握好这个关系，写人是为了从侧面烘托星海湖的美，而不是胜过星海湖的美，应该是她的画笔也画不出星海湖的美。

　　五是语言不够美。好山好水好风光，还要配上美好的文字，才算完美。"湖的边上，一座优美的山……那高洁的湖水与自在的高山是有几分般配"这段话用语显得随意，特别是"不被定义""随心所欲""无聊"等字词，犹如往星海湖美丽的脸蛋上抹了几把黑黑的油灰。

　　原稿还存在主题不鲜明、层次不分明、段意不集中、角度不丰富和表达不充分等问题，需做较大调整。

　　现在看第二稿。经过修改完善，第二稿整体上已较原稿提升很多。

　　一是写景紧扣景物特点。这和记事、写人、议论是一样道理。各位妈妈要经常将这个道理教给孩子，在日常生活表达交流中也可以有意识培养孩子抓住重点阐述事件、表达观点的能力。原稿主要毛病就在此，分不清哪些内容是重点，突出表现在第二段和第三段。表现湖的美，描写水是绕不开去的内容，也是重点展示的内容，开篇就从湖水这一角度入手，思维是很好的，但由于没有掌握写景方法，内容显得单薄寡淡。写景如能采用正面和侧面相结合方法，就能收到很好的表达效果。各位妈妈要帮助孩子融会贯通这一方法，不断应用到写作中去；不然难以写出合格、优秀的作文。修改稿第二段中加入鱼群的描写，写鱼是为了写水的清澈，体现水的生机和活力，当然有水就应有鱼，也让湖生动活泼起来。这就是侧面描写。大家还可以抓住柳树倒影来侧写出湖水的清澈。这样，景物特点就重点亮相，文章也丰富饱满起来。原稿中人物描写反而变成主角，这样安排不妥。人物应该作为配角侧面烘托。修改稿只从面上去描绘游人情景来烘托湖的美，不需要抓住小女孩这个点去刻画渲染。各位妈妈在和孩子共同学习《红楼梦》中的《林黛玉进贾府》时，可以再去深入体会曹雪芹运用描写展现景物特点的迷人魅力。大观园的景物描写美不胜收，不仅仅从正面描绘点化造势，还通过人物之口的称赞助力。这通过别人之口说事也属于侧写方法。大家还可以通过爸爸妈妈、爷爷奶奶、游客之口别开生面展示星海湖的美。妈妈们勇敢地帮助孩子尝试侧面描写的手法吧。

二是段落之间内容黏合紧密。这也是孩子作文的一个难点。原稿段落之间内容散落，随意拼凑。修改稿第一段开门见山突出"美丽"的特点，第二段和第三段开头分别从两个时间段，即"在清晨或雨后""在阳光灿烂的天气"来展示星海湖的美，第四段开头"和湖水紧挨着的"是从第三段湖水过渡而来，段落显得紧密黏合。第四段开头"星海湖的美丽十分诱人吧"承接上文"美丽"而来，自然而然过渡到写游人，行云流水，自在自然。最后一段是对上文的总结，添了一句"'接天莲叶无穷碧'的荷花"，拓展了意境。这一写景结尾法高年级要学会运用，会给文章增添迷人的意境魅力。文章也是有生命的，有自己健全的四肢，有自己丰满的血肉，也有自己愉快的脚步，一步一个脚印，写好每一段。

第二稿虽较原稿有了很大提升，但是还可以在主题提炼、内涵拓展、框架设计以及表达手法改进等方面再作加工。现在看看调整较大的第三稿。

第一，重构框架。全文由第二稿的五段调整为四段，结构明确为总分总式，即第一段为总领，概括提炼出星海湖"如一颗明亮的星星闪烁在我的故乡，又像一片宽广的大海偎倚在我的脚下"两个特点，第二段、第三段开头都承接第一句话，紧紧围绕开头这两个特点组织素材和语言，最后一段总结升华。这种结构就让全文显得稳定紧凑、层次分明，既不容易跑题，又可有效避免东扯西拉。

第二，鲜活内容。第三稿重点围绕湖水"明亮的星星"和"宽广的大海"这两个喻体，丰富多彩渲染星海湖水的特点、环境、变化、人文等特色，运用拟人、比喻、对比、反问等多种修辞手法，多角度、多侧面、多场景生动活泼立体展示星海湖的美丽风光，不但把眼里看到的星海湖写得淋漓尽致，而且还把心里想到的星海湖写得妙趣横生，并能始终注意情景交融，努力把自己融入湖光山色，让自己的欢乐和感受与星海湖气息相通，增加文章感染力。

第三，升华主题。第三稿字里行间可以见到作者喷薄欲出的爱湖之情，让读者能够清晰感受到，不仅作者自己热爱星海湖，还有很多市民热爱星海湖，就比前两稿更加清晰升华了文章主题。文章后面虽然只是简单点到了连云港市历史上那些高洁的灵魂，但是已经将星海湖所蕴含的历史人文精神表达出来，让读者感觉星海湖还是一个有情怀、有故事、有灵魂的湖，使得全文主题都有显著升华。写作文要善于挖掘隐藏在素材背后的历史文化和精神理念，积极融入自己的价值情怀，追求"言从楼起、意在楼外"的意境，就会让作文变得更有意义，不是为了写作文而写作文，而是表达自己对环境、生活、工作、人生、社会的理解感受和美好向往，让世界变得更加美好，让社会变得更加温暖。

第四稿则在第三稿基础上进一步拓展内涵、提炼升华，紧紧抓住星海湖畔的海天广场、清廉园等充满教育意义的人文景点，彰显星海湖所承载的教育功能，表达自己受到教育的感受。星海湖此时不再是自然界的湖，而是母亲之湖、信念之湖、精神之湖，让读者还能从中感受到党和国家的崇高伟大。

通过阅读对比前后四个版本，大家可以慢慢体会作文写作之道，以及好文章是改出来的深刻道理。

我心向党　星辰大海

（第四稿）

在我的故乡，有一个美丽的湖泊星海湖。她如一颗明亮的星星闪烁在我的故乡，又像一片宽广的大海润泽着我们，还像一位慈爱的母亲教育着我们。

说她是一颗明亮闪烁的星星，是因为她有一副圆圆的脸蛋和清爽的皮肤。星海湖是一个圆形状的湖，周长大约有四公里，满满的一湖水，就是她清爽的皮肤。她清澈透明，任由群鱼欢快地游来游去。我和妹妹一见到一群又一群的鱼儿自由自在地游玩，就叫喊着、呼唤着，仿佛我们也成了自由自在的鱼。晚上的她就更美丽了，一改白天的温柔，随着欢快的音乐跳起欢快的舞蹈来。她就是一颗明亮的星星闪烁在我们眼前，加上周围霓虹灯的映衬，真的美丽极了。小朋友们也跟着手舞足蹈，常常因为她的欢快而拽着爸爸妈妈多待一会儿。我也看过其他美丽的湖，但我觉得它们都没有星海湖的湖水既清澈温润又富有活力。

　　说她是一片宽广的大海，是因为她有宽大的身姿和壮阔的胸怀。星海湖占地五百亩左右，她的身姿不算弱小吧。每当雨季来临，浪头在风的吹拂下拍打着岸边石头，发出巨大的响声。在晚上，我还真的非常害怕呢。她还有大海般宽广的胸怀，和大山为伴，湖边就是美丽的花果山。雨季来临，她一高兴就狂欢起来，奔跑到花果山脚下找大山玩。她还与杨柳共舞呢，杨柳长发飘舞，她敲打着石头击掌呼应。她还有弯弯的小桥、"接天莲叶无穷碧"的荷花。就这样，星海湖包容着我们，安抚着我们，给我们带来无穷的欢乐。

　　说她是一位慈爱的母亲，是因为她以诲人不倦的精神默默教育我们做一个高风亮节的人。星海湖沿岸设有很多精美的宣传标语，每天向我们传递社会主义核心价值观、道德规范和公序良俗，引导我们走好人生路。湖西海天广场建有关爱亭、敬老亭、新风亭、幸福亭等充满幸福感的景观小品。特别值得一提的是西北角的清廉园。那里有爱莲池、爱莲广场、莲花雕塑、廉政文化步道、廉政文化长廊、廉心桥，生动展示廉政勤政故事和名言警句，让我们认识了连云港历史上许多高风亮节的地方官员和文化名人，也让我们真切感受到党和国家的关爱与温暖。这些高尚的灵魂不正与星海湖的清澈湖水很匹配吗？

　　美丽的星海湖难道不是明亮闪烁的星星、宽广荡漾的大海、慈爱的母亲吗？此刻我忽然感受到党就是那宽广的大海，我们就是那颗颗闪烁的星星，在这宽大的怀抱中快乐玩耍和幸福成长。

秋天的叶子

（原稿）

国庆期间，我和爸爸妈妈一起来到美丽的孔望山，享受秋天大自然的风光。

从山脚向上望去，可见孔望山的树木种类繁多，满山都是树。我们顺着蜿蜒的小路边走边笑，心情倍儿爽。

这时，我突然发现了几棵银杏树，个头不高，但叶子可漂亮了，绿中带黄。一阵风吹过，树上已经黄了的树叶悠悠散散地飘了下来，像一只金色蝴蝶在空中翩翩起舞。银杏叶还是很好的中药原料，可以治疗多种疾病。告诉你们一个小消息！它还有一个名字呢，叫公孙树，意思是爷爷小时候种的树等孙子长大了才会结果。

我们又开始向山顶爬去，可以闻到一股淡淡的桂花香，却不见她的身影。当我们走到一条偏僻的小路时，妈妈惊奇地叫道："快看那儿！"我顺着妈妈的手指方向望去，发现树上缠满了喇叭花。她的叶子碧绿欲滴，每瓣叶子上的纹脉十分清晰。虽然已经秋天了，叶子还是那么翠绿，煞是漂亮。

这秋天的叶子真是别有一番风味啊！

孔望山的秋叶

（修改稿）

国庆期间，我和爸爸妈妈一起来到风景宜人的孔望山，享受大自然美丽的风光。孔望山是连云港市历史文化名山，是当年孔子登山望海之处，位于盐河西岸，西与锦屏山、石棚山相望，山上遍布古迹，植物很多，是秋天赏叶的好地方。

从山脚向上望去，孔望山笼罩在一片叶子的海洋里，五颜六色的，在秋阳里随风轻轻荡漾，令人神往。走在盘山小道上，我在遮天蔽日的树叶下尽情感受这美丽的风景。山上树木种类繁多，既有高大挺拔的松树，又有高耸入云的柏树；既有果实累累的楝树，又有叶如金钱的槐树，还有许多不知名的杂树。这些树的叶子或宽或扁，或长或短，或粗或细，或俯或仰，或疏或密，或黄或绿，都在合力装扮这美丽的孔望山——我们的美好家园。我们顺着蜿蜒的小路边看边谈，心情倍儿爽。

我突然发现几棵银杏树隐隐躲藏在树林中。它个头不高，但精神抖擞地站立在风中，一身金碧辉煌，显得格外卓尔不群。银杏叶子非常精致优美，像一把把小巧玲珑的纸扇，有的金黄金黄的，有的绿中带黄，还有的黄中带绿，可漂亮了。一阵凉爽的风吹过，树上不时有金黄的银杏叶子晃晃悠悠地飘了下来，像一只只金色蝴蝶在空中翩翩起舞。地上落满了叶子。阳光透过树叶，跳动着金色的光线，照射到五彩缤纷的地面，真是美妙而神奇的景色啊。面对此情此景，我不禁想到古人吟咏树叶的名句"况属高风晚，山山黄叶飞""碧云天，黄叶地，秋色连波，波上寒烟翠"，如果用来形容眼前的银杏叶子，我想也是非常形象传神的。妈妈告诉我，银杏叶还是很好的中药原料，具有活血化瘀、通络止痛、敛肺平喘、化浊降脂等功效，可以治疗多种疾病，还可以泡茶喝。附近一些老年人经常捡拾起来做成枕头，有助于睡眠。告诉你们一个小秘密，银杏树还有一个名字呢，叫公孙树，意思是爷爷小时候种的树，等孙子长大了才会结果，可见它成长期是多么漫长啊。

我们继续向山顶攀登。突然，一股淡淡的桂花香穿过色彩斑斓的树叶随风而来，却不见她的身影，真是桂子叶中落、天香云外飘啊。就在这桂香弥漫的石板路旁边，妈妈惊奇地叫道："快看那儿！"我顺着妈妈的手指望去，发现是一丛丛水红色喇叭花，叶叶蔓蔓、花花朵朵，分外秀丽。喇叭花的叶子圆圆的，碧绿欲滴，每瓣叶子上的纹脉清晰可数，精神抖擞地展示自己的动人身姿。一盏盏喇叭似的花儿点缀其间，把叶子衬托得更加翠绿。俗话说红花还需绿叶配，我觉得，今天这里的喇叭花叶才是主角。虽然已经秋天，叶子还是那么翠绿，煞是漂亮，在甘于平凡中默默装点风景宜人的孔望山。

看着满山五颜六色的叶子，零距离感受这叶子带给我的欢乐，跟爸爸说："孔望山的叶子这么可爱，我自己好像都成为它们中的一员了。"爸爸说："是的，我们不但是孔望山上的一片叶子，而且还是连云港这座城市的一片叶子，要像叶子装点孔望山一样，用智慧和汗水为连云港的美好明天默默奉献。"听着爸爸的点拨，我对孔望山的叶子更加亲近了，没想到爸爸能从叶子里讲出这么深的道理，今后不但要多到孔望山看叶子，而且还要去花果山、海上云台山、宿城、孔雀沟、樱桃谷、东磊等港城名山看叶子，在感受更多港城自然生态美中丰富自己、提升自己。

可敬的妈妈们：阅读修改稿，是否有新的收获呢？首先，我们来看看原稿需要提升之处，主要有五个：

一是面上叶子提得少了，缺少大环境的映衬和烘托。文中第三段和第四段分别写了银杏和牵牛花两种叶子，跟题目《秋天的叶子》相比就少了，应该在重点写银杏和牵牛花叶子之外，注意简笔述及孔望山上的其他树叶，增加银杏和牵牛花两种叶子的背景美感，有了对比和衬托，会更加鲜明突出、令人印象深刻。

二是可以适当引用古代诗词或名言警句，增加语言的文化内涵和句段的生动丰富。中国文学宝库有很多描写各种各样叶子的古代诗词，生动记录了古代文学家

从山脚向上望去，孔望山笼罩在一片叶子的海洋里，五颜六色的，在秋阳里随风轻轻荡漾，令人神往。

独特的生活感受和美好情怀。例如，唐代王勃《山中》的"长江悲已滞，万里念将归。况属高风晚，山山黄叶飞"。宋代范仲淹《苏幕遮·怀旧》中描写叶子的名句"碧云天，黄叶地，秋色连波，波上寒烟翠"。各位妈妈可以引导孩子平常多背诵古代诗词，增加他们的文学修养，丰富他们的素材积累，在写作时恰当引用古代诗词可以获得纯粹正面描写难以达到的效果。

三是运用工笔手法细腻刻画叶子动人姿态，通过更多细节描写多侧面展示叶子的造型美、色彩美、内涵美及文化美。原稿已做细节描写，但还显得单薄，可以进一步丰富处理。

四是善用典故，结合叙述对象的历史文化背景、文物古迹及传说故事，围绕主题交织运用，可以让作文增加更多历史人文色彩，更好传承和弘扬传统文化。

五是情景交融可以增加作者的观赏感受和心理活动，将自己的情感与叶子相连相通相融，让叶子更有作者的情感，也让作者的美好情怀能够通过叶子间接传达出来。这与写人、记事、写动物要达到物我两融境界是一个道理。

修改稿在原稿基础上丰富提升很多，包括以下几个方面：

一是收缩标题切入点。现在标题《孔望山的秋叶》较原稿《秋天的叶子》更为具体，进一步明确本文所写对象为秋天孔望山的叶子，不是其他地方的叶子，就更容易写出特点，激发读者兴趣。这和前面《那是一次有趣的尝试》存在同样问题。原稿《秋天的叶子》显得宽泛，看标题不知道写哪里的叶子，如果在这个标题之下仅仅写秋天孔望山的叶子，也会让人产生是否有代表性的疑问。这个标题改法对大家的启发是，草拟作文标题避免大而空虚，需要力求小而具体，利于落笔，易于把握。

二是简单交代环境特点。修改稿首段简单交代孔望山所处的位置环境、文化特点及影响。这也是追叙法。景物描写同样需要追叙法，该宕开笔墨的，要大胆宕开，更好为中心服务。段尾特地强调孔望山上植物很多，是秋天赏叶的好地方。这就为后面重点叙述叶子揭开序幕。作文开头要有精神，有精神的表现就是内容简洁、直接点题，为后文确定基调及叙述重点，不至于偏离主题。

三是强化整体渲染烘托。修改稿在原稿"从山脚向上望去，可见孔望山的树木种类繁多，满山都是树"基础上着重从描写叶子层面做了大幅细化与拓展，不仅仅在写树木种类繁多，而且在于描写不同种类树木的叶子特点，以求处处紧紧围绕叶子主题落笔。树木种类写了松树、柏树、楝树、槐树，还有许多不知名的杂树。这样才能生动形象体现树木种类繁多。修改稿还简要叙述了各种不同叶子的特征，让读者对孔望山上繁多的叶子有个总体印象。写作文要善于通过分别介绍同类写作对象的特点，增加内容的丰富性，强化叶子的立体感，在做重点述及基础上再适当运用"还有许多不知名的杂树"这样的模糊笔法，就容易创造虚实相间、丰富多彩的效果。我们介绍孔望山上秋叶的整体情景后，就可以突出重点描写让作者印象深刻的个体形象了。

四是突出重点精描细画。文中第三、第四两段是重点，分别写了银杏叶子和喇叭花叶子。写银杏叶子可以直接具体描写叶子的形态和观看感受，但是容易写得直白平淡。修改稿首先写银杏树隐藏在树林中，增加了银杏的立体生长环境和审美距离，比直接光秃秃写银杏树多了映衬；接着从整体描写银杏一身金碧辉煌，让人对银杏树产生鲜明的总体印象；再写叶子的形态、色彩、姿态、诗词、功用及典故等内容，就从不同侧面围绕叶子写出银杏的独特之美，成长周期之慢、成材之难。孩子描写一个对象，要善于找出对象的显著特点，围绕主题有侧重地叙述，就比较容易创造立体、生动和丰富的效果，不容易止步于内容单薄、形象瘦窄和无话可说，也不至于偏离主题叙述。喇叭花的叶子如何出场呢？修改稿也没有直接开场就落笔，同样采用烘云托月笔法，让喇叭花在穿树而来的桂花香中跃然而出，接着写花朵掩映下的叶子姿态，并从红花还需绿叶配的传统认知中写出在花朵衬托下叶子同样可以成为主角的道理。与银杏叶子相比，喇叭花叶子叙述落脚点选得较少，重在说明道理，没有选择跟银杏叶子一样的内容点，旨在使用互有区别的笔法，防止套路化、呆板化。这也是需要孩子熟悉的写作方法，同中求异、异中求同、同中有异、异中有同、同不离异、异不离同。文中还简单引用古代诗词，也有效丰富叶子内涵。

五是提炼主题深化内涵。作文有状物言志之说，就是写一篇作文到底出于什么考虑，希望表达哪些感情或思想，最想向读者传递什么样的主题？原稿点到了作者观赏秋叶的快乐，但是再深一个层次的思想感悟和心理活动没有涉及，存在为了写景而写景、写景表达主题不明的不足。修改稿贯穿作者在赏叶过程中愉快的心理活动，还丰富了叶子蕴含的价值理念。银杏叶子部分寄寓了精神抖擞的精气神、有益人类健康的功用以及饱经岁月的熬炼。喇叭花叶部分则表达了在平凡配角位置同样可以成为所在环境的主角，创造同样精彩的生命价值。最后一段是对全文主旨的总结提升，从我之口表达自己成为叶子的一员，做对大自然有用的一员；通过爸爸之口表达我们每个人都是城市的一片叶子，要像叶子装点孔望山一样，用智慧和汗水为港城的美好明天默默奉献。这就让本次到孔望山赏叶的主题有了新的升华，具有较强的启发性和思想性，当然也体现了作者向好向善向美的价值情怀。最后，"我"表示还要多到连云港其他名山看叶子，在感受更多港城的自然美中丰富自己、提升自己，则是"我"对爸爸点拨的直接呼应，也为本次赏叶之旅画上了圆满句号，还为读者留下了很多想象空间，起到余音袅袅的绵延效果。

这里真美

（原稿）

这里真美啊！蓝蓝的天空好像用清水洗过一样，蓝蓝的，像一颗蓝宝石，小鸟在高空中自由地飞翔。

树林密密麻麻的，从远处看，就像一群可爱的绿精灵在聚会，每一棵都很美，每一片叶子都美。

小河清澈见底，一眼就能看见一群群可爱的小鱼

这里真美

（修改稿）

这里真美啊！蓝蓝的天空好像用清水洗过一样，快乐的小鸟一会儿在高空中自由飞翔，一会儿落到草地上叽叽喳喳觅食。我也像一只快乐的小鸟在这美丽的地方尽情玩耍。

不远处，有一片密密麻麻的树林，从远处看，就像一群可爱的绿精灵在此聚会。风吹过来，还能捎来她们的窃窃私语呢。我走进她们，觉得每一棵树都很美，枝叶婆娑，姿态万千，各有风采。有的参天耸立，似与白云嬉戏；有的斜枝横出，似与我们握手；有的粗若腰围，憨态可掬；有的恍若仙人，可亲可近……我不禁伸出手去摸摸这些可爱的精灵。阳光透过树叶，洒下一缕缕金色的光线，煞是美丽。地上铺满落叶，五彩斑斓，犹如被一位油画大师泼了一地油彩，踩上去软软的。我常常踮起脚尖，生怕弄破可爱的叶子。周围的人们也都静静地欣

儿、小蝌蚪从水中游过，湛蓝的天空倒映在水中，小河如同一条透明的蓝绸子，静静地躺在大地的怀抱里。小鱼好像捉迷藏似的，在水中藏来藏去。

草地上，花儿正在争奇斗艳，开得五彩缤纷，一群蝴蝶仙子在花丛中忙着采花粉，天上的小鸟在高空中自由地飞翔。

它们把大地装点得更加美丽动人。

赏一枝一叶，没有高声喧哗，唯有轻轻赞叹之语。我想，这就是人类对自然的一种敬畏吧。

树林的周围，一条小河紧紧环抱，河水清澈见底，湛蓝的天空倒映在水中，如同一条透明的蓝绸子，静静躺在大地怀抱里，守护这片静谧的树林。一群群黑黑的小蝌蚪在水里自由自在地游玩。我捡起一片树叶，轻轻丢到蝌蚪群里，只见小可爱们立即围着树叶玩耍起来，清澈的水面又荡起圈圈涟漪。而小鱼好像是捉迷藏似的，在水中藏来藏去。

草地上，花儿争奇斗艳，开得多姿多态，一群蝴蝶仙子在花丛中忙着采花粉。我轻手轻脚走近它们，想抓一只赏玩。它们就像小精灵，忽闪忽闪飞走了，又落到另外一朵花上，似乎在和我捉迷藏。一只小白兔在地上蹦蹦跳跳，红红的眼睛，长长的耳朵，白绒绒的毛，真可爱。它们把这里装点得更加美丽动人。

月亮升起来了，我和妈妈才依依不舍地离开。

小河清澈见底，湛蓝的天空倒映在水中，如同一条透明的蓝绸子，静静躺在大地怀抱里，守护这片静谧的树林。一群群黑黑的小蝌蚪在水里自由自在地游玩。

可敬的妈妈们：原稿景物写得比较美，动物也写得比较具体，语言流畅，意境优美，观察细致，动静协调，轻松活泼，比较生动地写出了充满静谧之美的树林。不足之处有二：

一是缺乏圆合的结尾。"它们把大地装点得更加美丽动人"是段落的总结，不是全文的总结。

二是缺少与景物同呼吸、共生命的"我"。这是孩子常常忽视的重要笔法。景物看似生动活泼，因没有"我"的融入，即使运用华美的辞藻，也不能把读者带进你所描绘的美丽画面中，不能引发读者急切而热烈向往的感情，缺乏较强的感染力。

如何把"我"融入景物之中呢？那就是真正把自己放到现场环境之中，把自己作为现场环境中的组成部分，例如自己就是一棵树、一朵花、一只鸟，从它们角度设身处地写出自己对美景的心理感受，给人身临其境的真情实感，做到情景交融，景中有情、情中有景。

修改稿同样重点围绕树林、小河和草地写这片美景，针对原稿不足做了以下调整：

一是强化"我"的存在感。从头至尾描写"我"在美景中的存在感，通过各种形式展现自己的所见所感以及"我"和文中景物的心灵互动。小鸟自由，我学小鸟；大树奇特，我想触摸；大树好客，与客握手；树叶轻软，我怕踩坏；蝴蝶如仙，逗引我玩；蝌蚪机灵，和我嬉戏。

每一种景物都和我产生美好的感情，我更是舍不得每一种景物。这就是人们常说的天人合一、物我两融的境界。孩子不能把自己仅仅作为一个置身于局外的观察者，而要把自己作为大自然中的一员，大自然也会把你作为一位相知、相识、相爱、相惜的朋友、亲人。如果作为局外的观察者，孩子所写内容就容易表现为表达对象是什么、干什么，不容易去关心他们想什么，难以考虑他们的感受，文字多会停留在表面，也就是老师们常说的不深入、不深刻。如果把自己作为表达对象的一员，将会和表达对象感同身受，悲哀着他们的悲哀，欢乐着他们的欢乐，与他们息息相通、休戚与共，就能写出力透纸背的独特文字。

二是增加风景丰满度。修改稿分别结合原稿各段意延伸、拓展和丰富内容，让各段情景更加鲜活灵动、情景交融。

第一段让小鸟既有天上飞的，又有地上跳的，就可顺理成章让"我"也跟小鸟一样比拟了。

第二段写树林。树林在本文应当作为主角，原稿显得轻描淡写，因此从树姿、树叶、光线等入手多侧面描绘树林之美，同时增加"我"和游人的现场体验反应，就让树林之美变得多姿多态。

第三段写小河。小河在原稿中已经占据一定分量。修改稿增加了小河和树林的守护关系、可爱的小蝌蚪以及自己逗引小蝌蚪的情景，既让小河里的小鱼儿变得不再寂寞，又书写了小河和树林的生态和谐，使得写景虚实相间。

第四段写草地。草地是树林的伙伴，也是描写树林不可忽略的内容。原稿草地只写了花儿和小鸟，显得分量不足，小鸟开头写过了，结尾也可不提。修改稿重点从孩子视角写了蝴蝶采花粉以及自己的"非分"之想，同时邀请可爱的小白兔出场亮相，就让草地上的对象动静皆有、动物大小俱备，显得生机勃勃，为全文做个活泼的收尾。

其他修改之处，不一一细述，请大家对照参阅。

台 风

（原稿）

晚上，我在家中做作业，只听"咣"的一声，我家后露台上的花盆被台风吹落下来了。我的心一缩，觉得好恐惧哦。

透过窗户，看看窗外。树木都有点儿支撑不住自己了，身子都歪了。楼下的庄稼被豆粒大的雨点"哗哗"地打着，窗户上也被雨水刷得干干净净了。

我看到窗外的景象惊心动魄，想试试台风吹在身上的感觉。我到卫生间使劲打开窗户，啊！冰凉刺骨的台风猛地

台 风

（修改稿）

晚上，台风挟带风雨而来。我在家中做作业，只听"咣"的一声，我家后露台上的花盆被台风吹落下来了。我的心一缩，觉得好恐惧哦。

透过窗户，看看窗外，树木都有点儿支撑不住自己了，身子歪歪斜斜。楼下的庄稼被豆粒大的雨点"哗哗"地无情砸打着，窗户也被雨水刷得干干净净。

我看到窗外惊心动魄的景象，禁不住想试试台风吹在身上的感觉。我到卫生间打开窗户，先用一只手抓住把手往外推，好像有人在外面抵住一样，丝毫未能推动；再用两只手握紧把手使劲往外推，还是没推动，窗户像被钉子钉住一样。这台风也太嚣张啦！我才不信

"扑"在我身上，顿时我就有一种喘不过气的感觉，再加上豆粒大的雨，打在我脸上，麻辣辣的，我吓得急忙又使劲地关上了窗户。我终于感觉到台风的威力了。晚上，妈妈回来，我十分骄傲地告诉妈妈我的冒险。妈妈指着我的鼻尖严肃地说："要不是你长得结实，恐怕要被台风卷走了，下次可不能这样了，很危险的！"

第二天，我起来时，发现风仍在"呜呜"地吹着，庄稼地里积了许多浑浊的雨水。

我多么希望这场台风快点过去，再见阳光明媚的天空啊！

邪呢，再次用左手紧握把手，侧过身子用右肩顶住窗户框子，用尽全力往外挤，终于打败台风，将窗户推开了一条缝。

冰凉刺骨的台风猛地"扑"在我身上。我顿时就有一种喘不过气的感觉，再加上豆粒大的雨点打在我脸上，麻辣辣的、冷飕飕的。我吓得急忙使劲关上窗户。我终于感受到台风的威力了。晚上，妈妈回来，我十分骄傲地告诉妈妈我的冒险经过。妈妈指着我的鼻尖严肃地说："要不是你长得结实，恐怕要被台风卷走了，下次可不能这样了，很危险的！"

第二天，我起来时发现风仍在"呜呜"吹着，但是风势小多了，庄稼地里积了许多浑浊的雨水，有些玉米、高粱等高秆庄稼倒伏在地。我多么希望这场台风快点过去，再见阳光明媚的天空啊。

我在家中做作业，只听"咣"的一声，我家后露台上的花盆被台风吹落下来了。我的心一缩，觉得好恐惧哦。

　　可敬的妈妈们：大家都希望培养孩子勇敢面对大自然的刚强性格和不惧困难险阻的坚定勇气，虽然培养方式多种多样，因人而异，因时而异，没有固定的套路，但是各位妈妈平时还应有意识地运用各种生活场景和自然条件，让孩子参加一些竞争性体育运动，走进大自然参加户外活动，利用刮风下雨下雪天气身临其境感受等，在潜移默化中慢慢培养和熏陶。孩子也会以意想不到的方式悄悄培养自己的勇气。

　　原稿就是孩子自己体验台风之后写出来的，既可爱又独特，可爱在于充满生活情趣，独特在于敢用身体感受猛烈的台风，写出别人所没写、别人所没有感受的生活阅历，非常值得阅读和品味。

　　原稿写出了台风的猛烈，通过吹落花盆、树木歪倒和雨打窗户等情景，生动形象地表现了台风的气势汹汹。

　　原稿写出了作者的勇敢，通过开窗直接感受台风的吹打过程，虽然时间短促，但是仍然可以清晰感受作者初生牛犊不怕虎、无所畏惧的锐气。

　　原稿写出了妈妈的疼爱，通过妈妈严肃而又略带夸张的语气表现妈妈对自己的关爱，还通过妈妈之口反过来"表扬"了小作者结实的身体，从侧面说明小作者为什么有胆量自己打开窗户直接面对台风。文字虽然不多，但是见证了小作者匠心经营文字、前后照应相互烘托的写作才能。

原稿语言也很流畅，层次分明，结构清晰，总体不错。如果围绕台风的猛烈和自己的勇敢再做细致描述，当然也可以增加小动物在台风面前的反应，从侧面烘托台风的猛烈和自己的勇敢，就可以让作文锦上添花。

鉴于原稿内容比较完整，修改稿着重增色文字。开头简明扼要描写刮台风时的环境，为后文展开叙述营造气氛。考虑全文不长，这段内容也不适宜过多渲染，防止头重脚轻。

原稿"我到卫生间使劲打开窗户，啊！"写出了台风的风力之强。但是，如何使劲，开窗如何难，这里通过三次顽强推窗的细节描写，更加生动体现台风的风力之强。此处没正面说台风如何强，只说推窗如何难，就从另一个角度让读者清晰感受到台风的威力。有了三次开窗细节铺垫和渲染，原稿说自己开窗后直面台风的惊魂之感，也就顺理成章，富有感染力了。

修改稿还调整部分细节，让文中台风及其影响更加饱满。例如，第五段雨点打在脸上的感觉，顺着前面"冰凉刺骨"的含义在表现痛觉"麻辣辣的"之外加上知觉"冷飕飕的"。最后一段"有些玉米、高粱等高秆庄稼倒伏在地"，说明台风造成的植物倒伏后果。最后一段心理感受，单独一段显得孤单，索性跟上段整合为一段，就显得充盈一些。

写动植物篇

我家来了一位稀客

（原稿）

前几天，我家来了一位稀客，名叫昙花，它的到来，给我们带来夜的芬芳。

妈妈说她从来没看过真实的昙花，一定要欣赏一下它的芳容。于是，把它摆放在阳台上，认真地呵护它，让它茁壮成长。我对这位稀客，也十分好奇，天天要看它几回，尤其晚上，睡觉前，我都要去瞧一瞧它。

昙花枝叶青翠，好似一颗绿宝石，青翠欲滴。白色的花骨朵外面裹着一件浅红的外衣。

我家来了一位稀客

（修改稿）

前几天，我家来了一位稀客，名叫昙花。它的到来，给我们带来夜的芬芳。

妈妈说，她从来没看过真实的昙花，一定要欣赏一下它的芳容，于是把它摆放在阳台上，认真细心呵护它，让它茁壮成长。我对这位稀客也十分好奇，天天要看它几回，尤其晚上睡觉前都要去瞧一瞧它。

昙花枝叶青翠，好似一条绿玉带，白色花骨朵外面好像裹着一件浅红色外衣。

时间过得飞快，一个星期过去了。昙花还是那么一个个白白的花骨朵。我心急如焚，常常在它面前祈祷："花神，花神，请你张开笑脸，让我看看吧，难道你有什么心事吗？就凭我天天看你，你也总该给个

时间过的飞快，一个星期过去了，可总是那么一个个白白的花骨朵，我心急如焚。并常常在它面前祈祷：花神，花神，你张开笑脸，让我看看吧，难道你有什么心事吗？就凭我天天来看你，你也总该给个笑脸吧。妈妈说："我们晚上给它洒点水吧，资料上说，昙花要有充足的水分，才能给你一个笑脸呢。"于是，每天晚上，我们都要抽空给它洒点水。

一天晚上，我做完作业，突然闻到一缕淡淡的花香，我循着花香找去，啊，是昙花开了！开得很

笑脸吧。"妈妈说："我们晚上给它洒点水吧，资料上说，昙花要经常洒点水，才能给你一个笑脸呢。"于是，我们每天晚上都要抽空给它洒点水。

一天晚上，我刚做完作业，突然一缕淡淡的花香进入我的鼻孔，不动声色撩拨我的嗅觉神经。难道是昙花开了？我立刻起身，只见宽宽绿叶之间多了几朵白色花朵，真是昙花开了！我大喊爸妈过来。妈妈急得都把拖鞋跑掉了。我凑近细细端详，只见昙花的花瓣是那么洁白无瑕，大片大片白色花瓣簇拥在一起，中间是浅黄色的花蕊，在白色花瓣的映衬下显得分外娇羞。我从未见过如此洁白无瑕的花朵，真是美丽极了！我忍不住说："妈妈，这昙花简直就是披着白色婚纱的美丽新娘！"妈妈说："你说的还真不错，昙花又叫韦陀花，确实有月下美人的美称，而且还有很

大，大片大片的白色花瓣簇拥在一起，美丽极了！我大喊爸妈过来。妈妈急得都把拖鞋跑掉了。

妈妈打开灯，被眼前的昙花惊呆了，都不敢大声说话。她摆摆手，示意我们不要大声说话。她小心地探过脑袋，一朵一朵地数着，瞧着，还轻轻地抚摸它们两下。最后，妈妈没忘了在我和爸爸的脸上也抚摸了一下，才打破了沉静。妈妈有时就这么滑稽可笑！

稀客昙花来了，我们的生活真是芳香四溢啊！

多优美的神话传说。"传说昙花原为花神，四季常开，后来爱上为她锄草的小伙子。玉帝知道后非常生气，把花神贬为一年只能开一瞬间的花，还把小伙子送去灵柩山出家，赐名韦陀。花神知道他每年暮春都要上山为佛祖采集春露煎茶，就选在那时开花，希望韦陀能够看到，因此有昙花一现只为韦陀回眸一看的传说。爸爸说，古人写过很多昙花的诗歌，宋朝诗人梁博在《昙花诵》中这样赞美："昙花一现可倾城，美人一顾可倾国。"原来，昙花还有这么多动人的传说，怪不得古往今来那么多人喜欢它。

妈妈摆摆手示意我们不要再大声说话了。她小心地探过脑袋，一朵一朵地数着瞧着，还轻轻地抚摸它们两下。我和爸爸也探着身子细细瞧看。最后，妈妈没忘在我和爸爸的脸上也抚摸了一下，才打破了沉静。妈妈有时就是这

昙花一现虽然说花开时间很短，但昙花在努力绽放自己短暂的美丽，人生又何尝不是呢？

么滑稽可笑！

稀客昙花来了，我们的生活真是芳香四溢啊！昙花一现虽然说花开时间很短，但昙花在努力绽放自己短暂的美丽，人生又何尝不是呢？

可敬的妈妈们：昙花，你们见过吗？它确实是稀客啊。小作者作文题目是不是很吸引眼球，把昙花比拟成稀客，给人耳目一新的感觉，非常恰当。文中多处使用拟人手法，把内容氛围营造得跟标题前后呼应，体现作者善于抓住特点遣词造句的能力。在写作事物的时候，各位妈妈要注意提醒孩子，写物要善于用拟人手法去写物的情态，写人要善于用拟物手法写人的情态，就会收到事半功倍的效果。

生活情趣是大家共同创造出来的。原稿生活情趣十分浓厚。写文章，贵在有情趣。情趣有了，文章就活起来了。妈妈要带着孩子多多创造有意义有情趣的生活。春天百花争艳，夏天小虫唧唧，秋天黄叶飘零，冬天寒风呼啸，可以说，只要内心充满情趣，一年四季处处皆有可爱之景之境之情，处处都有溢满书香、多姿多彩的自然课本。妈妈煮着的一杯绿茶，飘着淡淡的清香，都是孩子心中的芬芳。文中的妈妈在孩子笔下富有情趣。她幽默风趣，有意识地营造生活气氛。"她小心地探过脑袋，一朵一朵地数着，瞧着，还轻轻地抚摸它们两下。

最后，妈妈没忘了在我和爸爸的脸上也抚摸了一下，才打破了沉静。"尤其是"最后，妈妈没忘了在我和爸爸的脸上也抚摸了一下"这一细节，多么耐人寻味，多么温馨的一家。

原稿到底有没有不足？第五段描写昙花显得轻描淡写，分量偏少。开头写盼望昙花、养护昙花的过程很生动传神，做了很好铺垫，有层层叠进、鸣锣开道、闪亮登场的效果。但是真正到了描写昙花独特的美时，寥寥几句话显然未能突出本段在全文中心地位。大家是不是感觉本书多处点评这一不足啦。不能很好抓住文章重点泼墨去写，是孩子经常会犯的错误。如能从不同角度写出昙花的独特之美，就会让全文有了主心骨。

为此，修改稿做了以下调整。

第一，丰富描写角度。修改稿重点就落在第五段，丰富昙花的形态、传说故事和诗词文化，运用特写镜头聚焦和展示昙花的自然美、人文美，从多个角度充实文章内核。修改稿先从作者闻香知花开、细品昙花之美、赞叹昙花之情，再到通过妈妈和爸爸引出昙花的神话传说、诗词文化，综合运用鼻子、眼睛、耳朵和头脑等多角度细致刻画昙花，让读者对昙花有了一个较为立体的感知，增加了作文的感染力。妈妈们指导孩子描写景物的时候，要善于运用诗词典故、传说故事、名人逸事等知识，增加所写对象的人文内涵和外在魅力，当然也就比较容易丰富作文内容，增加可读性、趣味性和感染力。这就要求孩子积极培养阅读课外读物的习惯。学校课本属于孩子学习的规定内容，是必须读的。课外读物是结合孩子兴趣而选择的，虽属自选内容，但对丰富孩子科学文化知识、拓展观察视野、培养立体思维、厚植学习根基等都具有非常重要的作用。一般来说，作文较好的孩子无不积极阅读课外读物，坚持不懈通过各种方式和渠道增加知识量。笔者读书期间，就非常喜欢课外阅读，摄取了很多课本上难以学到的知识。

多角度、立体化落笔能给孩子提供更好的写作思维和阅读思维，可以从三个方面理解。一是事物特性的多角度、立体化。事物呈现在大家面前的往往是多方面内容。大家要从形状、色彩、香味等外部角度和事物气质内在角度方面有详有略书写。这是事物特性多角度、立体化。二是观察视角或立足点的多角度、立体化。可以远看什么特点，近看什么特点，上看什么特点，下看什么特点，左看什么特点，右看什么特点。这是观察视角立体化。还可站在不同地点观察书写。大家都知道苏轼的名句"横看成岭侧成峰，远近高低各不同"，就是站在不同地点，山就呈现不同姿态，山的立体感就呈现出来了。三是人的感官多角度、立体化。大家可以去看，去听，去闻，去思考，去联想等。神话传说、诗词、名人逸事等内容都是从更深层面呈现出事物的特点，揭开事物的面纱。

作文多角度、立体化就是多从几个面去写，一般有三个面就能呈现立体化美感了。战争中的海陆空就是立体化军事战争，现在还有网络战、金融战等，现代战争就是立体化战争。前面写人案例解读也反复强调多侧面多角度刻画人物。因此，无论写人状物记事，都缺失不了这一手法。

第二，结尾升华主题。从昙花一现的本义生命苦短感悟人应当珍惜时光，不负韶华，就将主题从消极伤感调整到积极健康、昂扬向上的轨道上来，境界也较原稿"我们的生活真是芳香四溢啊！"又提高很多。

第三，修改部分字词。比较典型的是第三段关于昙花叶子的描写。原稿写昙花叶子"好似一颗绿宝石"，与昙花叶子长而宽厚的特征不太符合，于是改为"好似一条绿玉带"，就更加真实形象多了。使用比喻句要注意本体和喻体之间相似性，相似性越强就越容易把本体描绘得更加形象生动，相似性越弱就可能取得相反效果。其他地方字词修改之处，请大家对比参阅。

第四，调整标点、规整语句。第一段实际上是两句话。第一句话讲"前几天，我家来了一位稀客，名叫昙花"，第二句话讲"它的到来，给我们带来夜的芬芳"，两句中间应该使用句号。第二段实际上分别讲妈妈和我两个人的事情。

　　"妈妈说她从来没看过真实的昙花，一定要欣赏一下它的芳容。于是，把它摆放在阳台上，认真地呵护它，让它茁壮成长。"这里所有内容都是妈妈的动作和表现，因此可以将两句话整理成一句话："妈妈说，她从来没看过真实的昙花，一定要欣赏一下它的芳容，于是把它摆放在阳台上，认真细心呵护它，让它茁壮成长。"

　　写我自己的语句"我对这位稀客，也十分好奇，天天要看它几回，尤其晚上，睡觉前，我都要去瞧一瞧它。"显得零碎了，也可以压缩精练："我对这位稀客也十分好奇，天天要看它几回，尤其晚上睡觉前都要去瞧一瞧它。"

秋天的菊花

（原稿）

秋天，天高云淡，一碧如洗；地上姹紫嫣红。

菊花是秋天最美丽的风景，它像一个个笑眯眯的小宝贝，开放着它那鲜艳的花瓣，有的展开了涨红的笑脸，有的害羞地低下了紫微微的脸蛋，还有的扬起了金黄金黄的头脑……它

港城的菊花

（修改稿）

连云港的秋天，令人神清气爽。天高云淡，一碧如洗；地上，各种花竞相开放，姹紫嫣红。

菊花是港城秋天最美丽的风景了。它多像温润、可爱的小宝宝，绽开了粉嫩嫩的笑脸；它还像羞怯、温柔的小女孩，低下了紫微微的脸蛋；它又像调皮、活泼的小男孩，扬起了金黄黄的脑袋……花园里、小路边、街市上，到处都能见到娇艳的菊花。花坛里不时有几只蚂蚱蹦蹦跳跳，菊花上不时有几只五彩斑斓的蝴蝶停留休息。绿油油的草地被菊花装扮得更加苍绿，清清的小河被菊花装扮得更加明净透彻。几阵秋风吹来，花瓣飘飘摇摇落了下来，满地五颜六色的。我真想捡几片装扮自己的头发，在菊花丛中和花瓣共舞啊，这样就能时刻享受菊花的香味了。我想，秋天是属于菊花的。

我爱在门前、家中种植菊花，不仅

们散发出诱人的清香，令我忍不住把鼻子紧紧地靠在上面猛闻几次。

几阵秋风吹来，花瓣飘飘扬扬地落了下来，满地都是五颜六色的。我真想拣几片装扮自己的头发，这样就能时刻享受着菊花的香味了。

花坛里不时有几只蚂蚱在蹦蹦跳跳，菊花上不时有几

因为它有骄人的颜色，而且因为敬佩它的坚韧品格。秋风瑟瑟、寒气凛冽的深秋季节，它迎霜傲然开放，不怕干燥，不怕潮湿。它能够适应各种不同的生长环境，既可以在温室里独享寂寞，又可以在竹篱边自然生长。我养过兰花，兰花小巧玲珑，香气袭人，但兰花太娇气，怕湿怕干，尤其怕湿，养了几盆都死了。我还养过梅花，梅花也有"凌寒独自开"的孤高自赏，还有"待到山花烂漫时，她在丛中笑"的坦荡胸怀，但它是属于室外的。唯有菊花，它既可以在室外娇艳地展示风姿，又可在室内对着我尽情地开放。每当我有不能释怀之事，只要静对菊花，便可风轻云淡了。

古往今来，文人墨客更是借菊花来抒怀壮志，吐胸中不平之块垒。"宁可枝头抱香死，何曾吹落北风中"，借菊花表现宋代诗人郑思肖刚正不阿的民族气节；"待到秋来九月八，我花开后百花杀"，借菊花表达了唐代黄巢傲然不屈的宏伟抱负；"采菊东篱下，悠然见南山"，借菊花道出了东晋诗人陶渊明的

只斑斓的蝴蝶在上面休息。草地被菊花装扮得更加苍绿，小河被菊花装扮得更加明净透切。

怡然自乐；"东篱把酒黄昏后，有暗香盈袖。莫道不销魂，帘卷西风，人比黄花瘦"，道尽了宋代女词人李清照的相思之苦。这些风采各异的诗词生动表达了菊花在不同人眼里的情感内涵，也让我对菊花产生说不尽的钟爱之情。

港城秋天的菊花是美丽的，让我们享受自然，收获快乐。

港城秋天的菊花是傲然的，让我们挺立高洁的民族之魂。

可敬的妈妈们：写植物题材是孩子作文常见题目，也是锻炼孩子观察能力、培养人与自然和谐理念、促进孩子身心健康成长的有效途径。各位妈妈在指导孩子写植物文章时是不是很难呢？其实只要掌握基本手法，就不必犯愁啦。

第一，让孩子抓住植物的色、香、味、情态等最基本特点，有详有略来安排文章，声情并茂组织文字，就容易写成不错的习作。第二，抓住植物的特点写出独特的精神气质。这是不是和写人物一样呢？既要写出人物的外貌特征，又要表现人物的内在气质。把握好第二点，孩子写作文就会上个台阶。第三，善于运用比较手法，通过对比相同或相近植物的差异性、关联性，写出植物

秋天的菊花是美丽的，让我们享受自然，收获快乐。
秋天的菊花是傲然的，让我们挺立高洁的民族之魂。

独有的特点，就会又开辟一个更高境界。第四，善于融诗词于文中，增添文章文化内涵。

原稿以生动活泼、形象有趣的笔法描写了秋天菊花的喜人情景，体现了较为灵活自如的写作能力，主要有以下两点：

一是运用拟人、排比的句式描绘出菊花鲜明的特征，很吸引读者。

二是注意物我相融，让感情得到升华。"令我忍不住把鼻子紧紧地靠在上面猛闻几次。""我真想捡几片装扮自己的头发，这样就能时刻享受着菊花的香味了。"这种因菊花而起的情态和对菊花产生不舍不离的情感，语句虽不多，但很可贵。部分孩子往往不善于将这种物我相融的情感融入语言文字，常常是以局外人身份来观察，写出来的文章当然就不太感动他人了。没有感动自己的东西，基本也不会感动别人。

物我相融，笔者在后文《懒猫》中还将讨论。写动物如此，写植物也是如此。大家可以来体会江苏民歌《茉莉花》的歌词，欣赏歌词是如何达到物我两融境界的。

好一朵茉莉花，好一朵茉莉花，满园花开香也香不过它。我有心采一朵戴，又怕看花的人儿骂。

好一朵茉莉花，好一朵茉莉花，茉莉花开雪也白不过它。我有心采一朵戴，又怕旁人笑话。

好一朵茉莉花，好一朵茉莉花，满园花开比也比不过它。我有心采一朵戴，又怕来年不发芽。

民歌《茉莉花》通俗易懂，感情充沛，手法灵活，语言清爽、淡雅，不精心雕琢，不粉饰浓抹，就像清新、素洁的茉莉花。歌词从香、色和赏花人的心理角度运用比较方法来表现人们对茉莉花的喜爱之情。喜欢什么，就想拥有什么，甚至要成为什么，还会害怕它有什么闪失这样细微的心理。人们喜欢茉莉花，就想摘一朵花儿戴，就怕它来年不发芽。小作者喜欢菊花，就会抚摸它、嗅闻它、爱护它、赞美它。

三是运用衬托手法描写菊花在草地上、小河边更加美丽，写出菊花融于自然环境的美。

四是描写对象比较注重从多个侧面渲染烘托，有点有面、有动有静、有远有近，让读者感受到不同视角下的菊花之美。这一点，真的很棒哦！

菊花是美丽的，需要人们以美的眼光欣赏它，以美的情怀赞美它，以美的语言描写它。修改稿着重在氛围营造、细节刻画、对比烘托以及文化情怀等方面作出调整，多层面渲染美丽的菊花以及给自己带来的美好感受，手法运用更加丰富，主题挖掘更加深入，对初高中同学也有借鉴作用。

一是让氛围更清晰。原稿开头第一句写天上，接着写地上，创造了一幅广阔深远的意境，很美！这是不错的写作意识。修改稿增加菊花生长的城市连云港，这样就让原来飘浮在空中的菊花落了户口有了根，接地气了；增加"神清气爽"，仅仅四个字就一并交代秋天气候环境的舒适和作者美好的心情，为后面的美好笔法提供心理依托；增加"各种花竞相开放"，既与全段在字数、句式结构上基本相互协调，又起到总写作用，与后面突出菊花起到和谐互应的效果，读来有鲜明节奏感。不然，总觉得后一句短缺一条腿、一个胳膊似的，有残缺遗憾。由此可见，写作文在哪个句段选什么角度，运用什么句式写什么内容实际上都有讲究，需要作者根据自己写作意图及感悟体会灵活把握，力求用最恰当的语言充分表达自己的情怀。

二是让主角更丰富。修改稿将原稿三段关于菊花的描写整合为一段，直接从不同角度合力叙述菊花的特质，使得菊花的形象更加饱满丰富、生动立体。修改稿进一步细化原稿拟人修辞手法，紧紧抓住景物特点，运用比喻、拟人、排比等常见修辞手法，分别从小女孩和小男孩两个特点更加清晰菊花的迷人气质。修改稿还有意拓展叙述视角，扫描不同地点的菊花，增加内容宽广面。个别语句也做调整。"我真想捡几片装扮自己的头发，在菊花丛中和花瓣共舞啊，这样就能时刻享受菊花的香味了"，让感情得到升华，结尾抒情水到渠成，文章如行云流水。"绿油油的草地、清清的小河"也比"草地、小河"更加圆润、细腻。

三是让理由更充分。通过原稿，大家可以感受出作者对菊花的喜爱之情，但是感觉这种喜爱之情表达还不充分，还可以进一步写写为什么自己这样喜爱菊花，就可让文章更有感染力。修改稿分别从菊花适应秋天环境的坚韧品格，主动对比兰花、梅花，以显示菊花的独特之处，充分说明作者喜爱菊花的内在原因。特别是结尾说自己每当有不能释怀之事，只要静对菊花，便可风轻云淡了，让读者看后也情不自禁地喜爱菊花。这种笔法就是把自己放进情境、融入叙述对象，能够产生让人感同身受的效果。比较手法可以运用到各种文章中去，作文时能牢记运用这一手法，会使文章内容更加丰富，特点更加鲜明。

四是让内涵更丰富。菊花的美，除了本身姹紫嫣红、多姿多彩的自然美之外，还有寓含其中的历史文化、人文情怀、人生志趣及名人逸事等精神层面的元素。古往今来爱菊之人代不乏人，赞菊之文美不胜收，与菊花有关的人和事不胜枚举。这些人和事共同构成了底蕴深厚的菊文化，让菊花成为中国优秀传统文化的重要组成部分。原稿基本停留于自然属性描写，怎么写都难以产生丰富的文化内涵，停留在为了写菊花而写菊花的阶段。修改稿分别选取宋代诗人郑思肖的《寒菊》、唐代黄巢的《不第后赋菊》、东晋陶渊明的《饮酒·其五》、宋代李清照的《醉花阴·薄雾浓云愁永昼》。写菊花的诗词那么多，为什么就选这四首。修改稿主要考虑其分别代表了家国情怀、人生抱负、个人志趣以及人世情感等维度，以及隐藏在四首作品背后的丰富历史故事，当然还考虑了诗词的不同文体，不是逮到菊花诗词不问三七二十一就往里塞。如此一来，大家对菊花的认识和理解就会更加深入而富有情感，拓展了菊花本身包含的社会属性美。这也是初中和高中阶段孩子努力追求的文章人文之美。

花卉在我国文化传统中一直被人们赋予种种美好的情感和寄托，长期备受文人墨客的青睐和讴歌。大家不妨收集一下反映花卉不同品格的诗文，让孩子读懂花卉的内在气质，培养自己的精神情操。我国文学作品中有大量描写花卉的精彩诗词歌赋、文化散文。这些优秀作品既可以给孩子陶冶情操、丰富内涵提供源源不断的精神营养，又可以为孩子提高写作能力提供生动全面的参考借鉴。

孩子学了不少诗歌，平常要有意培养其融合到文章中的能力，努力学以致用，活学活用，一旦具备这样的能力，在考试中作文就容易脱颖而出。

五是让结尾更有力。我们以优美的笔法写了菊花的自然美和人文美，结尾当然也要做出相应强化。修改稿运用排比手法赞美了菊花在收获季节给我带来成长的快乐和成熟的感悟，语句干净利落不啰唆，直叙胸臆，抒发小作者对菊花无比喜爱之情，呼应深化文章开头部分，达到首尾圆合、收尾自然的效果。

修改稿将标题改为《港城的菊花》，让内容指向更加清晰。

小狗挑食

（原稿）

中午，小狗妈妈炒的都是青菜。

"我要吃肉，不吃青菜。"小狗噘着小嘴说。

"乖宝宝听话，不吃青菜会没有营养的。"狗妈妈抚摩着小狗的头，亲昵地说道。

"我就要吃肉！我就要吃肉！"小狗大嚷着。

小狗妈妈夹了一根青菜放在小狗碗里，说下次买肉给它吃，说着又舀了一勺菜汤送到小狗嘴边。小狗不吃，还跑了。

小狗挑食

（修改稿）

"开饭喽、开饭喽，香喷喷的美味来喽。"小狗妈妈一边往桌子上端菜，一边喊小狗过来吃午饭。

小狗蹦蹦跳跳过来，一看桌子上的两盘菜，一盘是炒青菜，另一盘是炒豆角，立刻噘着小嘴说："我要吃肉，不吃青菜。"

"乖宝宝听话，昨天不是吃过肉了吗？今天换下蔬菜，不吃蔬菜，身体会缺少营养的。"狗妈妈抚摩着小狗的头，亲昵地说道。

"我就要吃肉！我就要吃肉！"小狗大嚷着。

小狗妈妈夹了一根青菜放在小狗的碗里，说明天再买肉给它吃，说着又舀了一勺菜汤送到小狗嘴边。小狗不吃，还跑了。

就这样，小狗天天跟妈妈嚷着吃肉，一点蔬菜也不吃，身体越来越胖，还时不时感冒一下。

一天夜里，小狗的肚子突然疼了起来。小狗妈妈把它送到医院给医生检查。医生说："这都是挑食造成的。"从那以后，小狗再也不挑食了。

一天夜里，小狗的肚子突然疼了起来。小狗妈妈把它送到医院检查。医生说："这都是挑食造成的。"

从那以后，小狗再也不挑食了，而且还经常教育狗弟狗妹们："你们要多吃蔬菜，不吃蔬菜，肚子迟早要疼的。"

可敬的妈妈们：寓言是用比喻性故事寄托深刻道理、给人启迪的文学体裁，通常短小精悍、结构简单、言简意赅。主人公可以是人，也可以是物，让动植物跟人一样可以讲话交流，拥有喜怒哀乐，多采用比喻、夸张、象征、拟人等手法，勾画出人或物的特点和思想。我国古代有很多内涵深刻、家喻户晓的寓言。中小学语文课本也有大量的寓言故事，比如《狐假虎威》《刻舟求剑》《掩耳盗铃》《自相矛盾》《守株待兔》《拔苗助长》《农夫和蛇》，等等。寓言深得孩子们的喜爱，可以培养孩子活泼天真的个性。妈妈可以有意识阅读寓言作品，最好和孩子一起阅读，结合日常生活和孩子交流分享寓言故事，潜移默化之中开展生动活泼、喜闻乐见的家庭教育。

现在看看原稿。狗妈妈和狗宝宝性格塑造比较鲜明，尤其是语言和动作描写都很突出。其中，动作描写

小狗天天跟妈妈嚷着吃肉，一点蔬菜也不吃，身体越来越胖，还时不时感冒一下。

尤为传神。“抚摩”“亲昵地说”“夹”“舀”“送”等一系列动作充分表现狗妈妈慈爱温和的性格特点。“噘着小嘴”“大嚷着”“跑”等动词十分形象地刻画出淘气的孩童个性。作者能够通过语言、动作、神态三个方面刻画生动传神的角色形象。原稿如果不改的话，本身已经比较生动活泼；如从追求更加完美角度考虑，则可再稍微动动手脚，进一步增加可读性、逻辑性和教育性。

修改稿作了以下几个调整：

一是增加开头可读性。考虑原稿开头比较简单，有点突兀，就增加狗妈妈端菜、招呼、赞菜、两盘菜名、小狗情绪变化等内容，丰富午餐的表现内容，力求让午餐看得见菜、感受到氛围，如临其境。描写事物时要善于从各种感官的感受来组织描写内容，增加内容的丰富性、生动性、可视性。比如写菜肴，要善于从色香味形等角度描写特点，就会让菜肴如在眼前，令人馋涎欲滴。

二是增加过程逻辑性。通过狗妈妈的嘴讲了昨天刚吃过肉，说明并不是没有买肉给小狗吃，而是让肉和蔬菜间隔开来均衡营养，解决原稿没有交代清楚的不足。增加小狗因为挑食造成身体变胖、抵抗力下降的内容，最后导致肚子疼的后果，就强化了挑食导致严重后果的内在逻辑，消除原稿突然肚子疼的突兀感。写作文需要根据生活实际安排符合规律的情节和内容，让人更容易理解和接受。

三是拓展教育面。最后讲小狗不但自己不挑食，而且还能以身说法教育其他弟弟妹妹不挑食，立意就比原稿仅仅讲小狗自己受到教育要高出很多。这种拓展教育面的写作手法同样可以用在更多地方，主动将主题立意放在更大范围落笔，就很容易升华主题、拓展内涵、提高境界。

下面这篇小寓言也可以同样改写一下，讲孙小圣被笨笨批评后知错就改的故事。怎么改写呢？欢迎孩子们改写好后交给妈妈批改。

知错就改的孙小圣

春天到了，小猴孙小圣和狗熊笨笨去公园游玩。

到了公园，孙小圣看见有两根柱子，就调皮地爬了上去，在柱子上写了"孙小圣到此一游"七个字。笨笨说："快下来，快下来！这样很危险的。"

笨笨生气地说："你不能随便写字，别人来玩，看见被乱写的地方，就不想再来玩了。"孙小圣惭愧地低下头说："对不起，我再也不乱写了，现在就去擦掉。"孙小圣真是个知错就改的好孩子。

在平时生活中，经常会有一些画面进入我们的视线，打动我们的心灵。假如我们能及时用文字或图片把这些真实场景和当时想法记录下来，打动的就不仅仅是你自己。请看苏教版4年级上册语文教材看图作文习题。

星期六的傍晚，天阴沉沉的，还不时飘着细雨。几只家燕在马路上无忧无虑地嬉戏着。突然，一辆大货车呼啸而过，我的心一紧，禁不住闭上了眼睛。我知道不幸的事发生了……

不幸的瞬间

（原稿）

星期六的傍晚，天阴沉沉的，还不时飘着细雨。

不幸的瞬间

（修改稿）

一个星期六傍晚，天空阴沉沉的，还不时飘洒淅淅沥沥的细雨。几只家燕在马路上无忧无

几只家燕在马路上无忧无虑地嬉戏着。突然，一辆大货车呼啸而过，我的心一紧，禁不住闭上了眼睛。我知道不幸的事情发生了。

一只可爱的家燕被大货车撞倒在地，再也不能动弹了。它的同伴飞了过来，关心地看着躺在地上的伙伴，见它一动不动，就张开嘴巴尖叫，又扇了扇翅膀，想去唤醒躺在地上的伙伴。可是！可是躺在地上的伙伴还是一动不动。同伴又用脚去踩了踩地上的伙伴，见它还是

虑地嬉戏着。突然，一辆大货车呼啸而过。我的心一紧，禁不住闭上眼睛。我知道不幸的事情发生了。

一只可爱的家燕被一辆疾驰而过的大货车撞飞在地，一动不动躺在路边，紧紧地闭上眼睛，再也不能动弹了。另一只家燕见状，赶紧落在它的身旁，俯下身子，用一只翅膀推推，见它一动不动，就张开嘴巴尖叫："黑子，黑子，你醒醒吧，醒醒吧！姐姐来了！"叫声十分惨烈。燕姐姐又用力扇扇翅膀，多么盼望躺在地上的黑子赶快醒来啊。可是，可是躺在地上的黑子还是一动不动！燕姐姐心碎了，只好又用脚去踩了踩黑子，似乎要让黑子快点醒来，见黑子还是僵直躺着，不禁又用翅膀拍了拍它，黑子还是没有一点反应。燕姐姐只好含泪伤心地展翅飞起，又在黑子身边飞了几个来回，凄凉的叫声久

没有醒来，不禁又用翅膀拍了拍它，伙伴还是没有一点反应，同伴只好伤心地离开了它。

我想：连小动物之间都存在着这么深厚的感情，何况我们人类呢？我们应该和谐相处，人与人之间应该互相帮助，才能创造出和谐平安的社会。

久回荡于黑子的周围。见到黑子仍然纹丝不动，孤单的燕姐姐才带着哀伤的鸣叫，渐渐消失在朦胧细雨中。

见到这个情景，泪水模糊了我的双眼。这么小的动物都存在着如此深厚的感情，怎能不让人动容呢？我望着燕姐姐渐远渐无的黑影，默默走过去，用双手捧起黑子的遗体，找了一棵柳树，在树荫下的草地中刨了一个小坑，把黑子掩埋起来，采摘几朵野花堆放在黑子坟头，心里默念："黑子，安息吧！"

可敬的妈妈们：关于这篇作文，网上有不少孩子写得很不错的范文。大家可以到网上看看。这里就不收录介绍了。对于这个作文习题，笔者比较赞同，改变了传统看图作文的理念，不仅让孩子锻炼看图作文的表达能力，而且还让孩子感受意外、死亡、亲情、分离等人世间的悲欢离合，潜移默化培养孩子对社会和人生的丰富感知。这篇作文同样给家庭教育带来启迪，在日常教育中要有意培养孩子的危机意识、安全意识、生命意识等，

燕姐姐心碎了，只好又用脚去踩了踩黑子，似乎要让黑子快点醒来，见黑子还是僵直躺着，不禁又用翅膀拍了拍它，黑子还是没有一点反应。

促进孩子珍爱生命、关爱家人，塑造健全的人格。

总体来说，原稿能够抓住六张图画情景完整表达每张照片所希望传递的基本内容，初步揭示画面主题，细致入微刻画家燕呼唤伙伴的动作。结尾"我"的感悟也比较到位，写出所见所感，升华了主题。不足之处是看到什么就写什么，联想还不丰富；注重描写家燕的言行举止，忽略了环境氛围营造；家燕悲欢离合的情感和细节还停留在外在表面描述，文字处于旁观者角度，没能将情感渗透到家燕身上，因此显得虚浮而不深入。如果能多综合运用几种表达方式，就能丰富情感内涵，表达更深层次感受。

修改稿紧紧围绕题意，在充分尊重画面及作者原稿基础上将作者放进画面情境之中，设身处地体验当时不幸的情景，并以拟人化手法描写家燕突遭不幸、生离死别的感人场面。修改重点表现在以下几个方面：

一是增加氛围营造。大家知道，环境对突出主题、衬托人物心理、增加现场感、丰富文章内涵、推动情节发展、增加文章感染力等都具有很好作用。原稿开头交代了天气，修改稿结尾在此基础上又增添了"见到黑子仍然纹丝不动，孤单的燕姐姐才带着哀伤的鸣叫，渐渐消失在朦胧细雨中"以及柳树、野花等描写，把燕子和我都融入到细雨中，充分表现燕子和我的悲伤情感，增加文章凄凉的美。

二是赋予燕子人格。燕子本来是没有名字的。为了让燕子更加人格化，增加人性的特点，修改稿特地给两只家燕分别拟名黑子和燕姐姐，这更有利于充分细腻表达燕子姐姐的感情。

三是增添人性描写。主要是通过语言、动作和心理等拟人化描写，按照写人方式来刻画家燕的情感，多层次多侧面丰富文章内容，细致刻画家燕失去同伴的悲伤心理。原稿重在动作描写，基本是就画面写画面，没有深入到画面背后家燕的内心世界。修改稿充分展开想象力写出透过画面以外的内容，如"黑子，黑子，你醒醒吧！醒醒吧！姐姐来了。"虽然燕子不会说话，但它的叫声就是相互交流的语言。大家要学会运用拟人化手法表达燕子之间的深厚情感。"燕姐姐心碎了""燕姐姐只好含泪伤心地展翅飞起""凄凉的叫声久久回荡于黑子的周围"等句子，直接写出了燕子心碎、心痛的心理。

四是增加安葬情节。修改稿增加了自己受到感染，主动将黑子的遗体安葬在柳树树荫下草地的情节，描写了小坟、野花以及自己对黑子的默默祈祷，为这个令人唏嘘的悲伤情景做了一个合乎情理的结局，既让黑子入土为安，又增加读者心理慰藉。这是题中画面没有提供的情景，同样是需要展开想象力以人之常情和正常情感逻辑来对待和演绎的，也是体现孩子在写看图作文时如何写出画面之外内容的表达能力。从网上很多的范文来看，基本未见这样的描写，说明大家还要善于培养画面之外想象力的意识。这里需要提一个安葬殉情大雁的著名典故。大家读完这个典故，就会明白为什么修改稿增加安葬黑子情节的缘故了。

金代著名文学家元好问十六岁时有感大雁殉情而死，为大雁筑坟安葬并作《摸鱼儿·雁丘词》以示纪念，谱写了忠于爱情、生死相许的爱情悲歌，其中"问世间，情是何物，直教生死相许？"成为爱情名言，感动了无数人。现在山西省太原市汾河公园还有雁丘石，石头正面刻有"雁丘"两个大字，背后刻有《摸鱼儿·雁丘词》。大家今后到太原市游玩，可以去凭吊感受这个悲情故事的深厚内涵。

现将原文转述如下，供大家参阅。

摸鱼儿·雁丘词

金·元好问

乙丑岁赴试并州，道逢捕雁者云："今旦获一雁，杀之矣。其脱网者悲鸣不能去，竟自投于地而死。"予因买得之，葬之汾水之上，垒石为识，号曰"雁丘"。同行者多为赋诗，予亦有《雁丘词》。旧所作无宫商，今改定之。

问人间、情是何物，直教生死相许？天南地北双飞客，老翅几回寒暑。欢乐趣，离别苦，就中更有痴儿女。君应有语，渺万里层云，千山暮雪，只影向谁去？

横汾路，寂寞当年箫鼓，荒烟依旧平楚。招魂楚些何嗟及，山鬼暗啼风雨。天也妒，未信与，莺儿燕子俱黄土。千秋万古，为留待骚人，狂歌痛饮，来访雁丘处。

可爱的小乌龟

（原稿）

我家有一只可爱的小乌龟，陪着我度过一个个美好的时光。悄悄告诉你们一个小秘密，它的名字叫皮皮，千万要记住哦！

皮皮长得很可爱。我非常喜爱它的眼睛，炯炯有神，黑亮亮的，我经常和它对视，它也总是目不转睛地看着我，一点也不害羞。眼后还有两条红彤彤的图案呢，很是奇特。小鼻子芝麻大，白嫩嫩的。嘴巴呈三角形。

特别可爱的它还有四只短短的小腿呢。我稍一碰它，它就缩进去了，软软的。爪子很

可爱的小乌龟

（修改稿）

我家有一只可爱的小乌龟，陪着我度过一个个美好的时光。它有个芝麻大的小鼻子，白嫩嫩的，三角嘴巴，吃起小虾米可带劲呢。悄悄告诉你们一个小秘密，它的名字叫皮皮，千万要记住哦！

我非常喜爱它的眼睛，炯炯有神，黑亮亮的。它的眼后还有两条红彤彤的图案呢，很是奇特。我经常和它对视，希望从它眼神里看看它到底在想什么，是不是也和我一样整天无忧无虑的。它也总是目不转睛地看着我，一点也不害羞，好像也在探问，你为什么老这样盯着我。

最令我喜爱的是皮皮的"盔甲"。它的背壳整体呈深绿

尖细。

最令我喜爱的是它的"盔甲"了。整体颜色是深绿色。中间四周都由梯形搭成，纹路清晰可见。壳上还有一圈圈的浅绿图案，漂亮极了！

体形都这么可爱，活动起来就更可爱了。

我每天都让皮皮痛快地游个泳。一开始进入水中，皮皮纹丝不动。几秒钟后，像吃了兴奋剂似的，一溜烟地游走了。有时大摇大摆、旁若无人向前游，四只小脚可灵活了，前后，前后，前后……尾巴也摇来摇去，动作反复，一会儿就从这头游到那头了，活像一位游泳健将。

可它有时很是愚

色，好像全由一个一个梯形拼接而成，纹路清晰可见。壳上还有一圈圈的浅绿图案，漂亮极了！特别可爱的是它那四只短短的粗腿，软软的，爪子很尖细。我稍一碰它，它就把小腿缩进去。皮皮体形都这么可爱，活动起来就更可爱了。

皮皮很喜欢游泳。我每天都让皮皮痛快地游个泳。一开始进入水中，皮皮纹丝不动，几秒钟后就像吃了兴奋剂似的，一溜烟地游走了；有时大摇大摆、旁若无人向前游，四只小脚可灵活了，前前后后，左左右右……尾巴也快乐地摇来摇去，一会儿就从这头游到那头了，一点也没有在地面上的呆萌，活像一名游泳健将。

皮皮有时很愚笨。只要认准一个角落就使劲地钻，有一点不撞破墙角不放弃的

笨。只要认准一个角落就使劲地钻，有一点不撞破墙角不放弃的坚强意志，常常把我引得大笑。游累了，就将四只小脚自由地伸展开，头也放松地伸着，静静地趴在水上休息享受。

我非常喜欢这位"游泳健将"，你们是否也喜欢它呢？

坚强意志，好像故意表演给我看似的，常常把我逗得大笑。它游累了，就将四只小脚自由地伸展开来，头也放松地伸着，微闭起两只黑眼睛，静静地趴在水上休息享受。那悠闲的气质，多么令我羡慕啊。

我非常喜欢这位"游泳健将"，你们是否也喜欢它呢？

可敬的妈妈们：孩子都喜欢小动物，既可从小动物身上找到充满童趣的欢乐，又可从跟小动物接触过程中培养热爱自然、关心动物的品格，还可以锻炼孩子的观察能力和表达能力。希望各位妈妈平常注意培养孩子跟小动物的感情，周末可以带孩子去动物园游玩，让孩子接触更多的动物，并在接触过程中和孩子积极交流，鼓励孩子表达自己的所见所感，回到家里就可以让孩子把所见所感按照作文笔法写出来。在外面怎么说的，回来就怎么写出来。这些从口头表达转换为文字可能就是一篇又一篇让人眼睛一亮的好作文。

现在先看原稿。说实在话，原稿写得很不错，主题

　　皮皮将四只小脚自由地伸展开来，头也放松地伸着，微闭起两只黑眼睛，静静地趴在水上休息享受。那悠闲的气质，多么令我羡慕啊。

鲜明，行文流畅，用语活泼，风格幽默，层次分明，条理清晰，内容丰富，淋漓尽致地写出了小乌龟的可爱以及自己的欢乐。值得肯定的还有善于使用过渡语句。原稿段落过渡可谓珠玑生辉。请大家细细体会以下几句："皮皮长得很可爱""特别可爱的它还有四只短短的小腿呢""最令我喜爱的是它的'盔甲'了""体形都这么可爱，活动起来就更可爱了"。这些过渡句不仅起到承上启下作用，而且在内容层次安排上也独具匠心。"特别""最令""都……就……"等层层深入，看得出来是经过一番深思而作出的结构安排，体现了小作者非常缜密的思维方式。

原稿不足之处有没有呢？还是有的。

一是部分内容不集中。第二段写自己非常喜爱它的眼睛，那么最好在本段集中写皮皮的眼睛，不必再将鼻子和嘴巴放在这里，可以考虑将这两个部位放到第一段。小腿和爪子部位也可以和背壳放到一段，集中写小乌龟的躯干，分成两段显得不集中。

二是关键地方蜻蜓点水，应该传神的地方显得平淡不过瘾。比如，第二段写"我经常和它对视，它也总是目不转睛地看着我，一点也不害羞"。这段描写在电影里相当于特写，最好能够细腻表达内心活动，仅仅说一点也不害羞，就显得轻描淡写了。这里可以写写我对视皮皮的时候，自己有什么心理活动；反过来，换位思考一下皮皮如有心理活动，那么它会想些什么事情？这个写出来，此处就能把对视这个环节写得传神。还有写皮皮的小鼻子芝麻大，还强调白嫩嫩的；写嘴巴就呈三角形，显得又缺点什么了。缺什么呢？可以考虑表现它吃东西的情景，就可和前面的小鼻子描写般配起来。

三是结构不匀称。原稿各个段落篇幅起伏较大。第二、第六和第七段篇幅较为匀称。第三、第四、第五段显瘦弱，可以通过合并及丰富内容等办法调整，以求和其他段落适应。

再来看看修改稿。修改稿在尽量保留原稿风貌和风格的基础上做了以下调整：

一是明确各段内容分工，匀称各段章节篇幅。修改稿将全文调整为六个段落，除最后一段未动外，前面五段分别围绕概述、眼睛、身材、游泳和撞壁，将原来描写分散的内容顺便归类集中，从不同角度描写皮皮的可爱呆萌，既做到段落分工呼应，又做到重点突出，使得全文显得匀称稳重。

二是丰满细节刻画，力求生动传神。修改稿主要在原稿基础上针对不同部位及情景，继续按照幽默风趣的风格细致刻画，让原稿应该表达而未能表达的内容显露出来。例如，第一段在三角形嘴巴后面加一句"吃起小虾米可带劲呢"，突出皮皮的嘴巴很皮实。在第二段我和皮皮对视情景，增加双方在对视时的心里猜测，部分采用了拟人化笔法，使得这个环节就更加丰满了。

三是融入更多情感，力求情物相通。更加积极将情感融合进字里行间，让人能轻松感受作者对皮皮的喜爱之情，比较典型的是第五段，在描写皮皮好像故意表演撞壁给我看似的末尾加一句"那悠闲的气质，多么令我羡慕啊"，就让本段有了人、物情感互动的温暖，比起原稿近乎客观的描述深刻多了。这与前面写自己与皮皮对视时的双方心理描写是一个道理。这里需要提醒的是，缺失人物内心感受是孩子作文一大难点。孩子往往写出自己眼睛看到的，耳朵听到的，再往深层次就是能够写出心里想到的，在写心里想到的时候，还要善于把自己的所思所想融会于景、于物，做到情景交融、情物相通。这样写出来的文字就很动人，想平淡都很难。这种写作方法还可以用于散文、诗歌和小说等文学创作，是一种受益终身的表达方法。希望各位妈妈在辅导孩子作文的时候，能够注意积极培养孩子这方面的能力。

总体来说，修改稿虽然未做大动，但是与原稿相比，无论是结构、段落、主题、细节和表述，都好多了。

懒　猫

（原稿）

小猫球球渐渐长大，我发现它也越来越懒了。

怎么个懒法呢？

别家的猫，几乎是在下面玩，很少跟主人回家。而我们家的球球，一天总得回来睡上三四次懒觉。

起初，每天早上，我奶奶出去散步，就会把它叫回来。它吃点饭，睡个小觉又下去。中午它就待在门前等着你回来，吃点饭，睡个小觉又下去。晚上回来也是如此，吃点饭，睡个小觉又下去，一天几个觉，睡得可

懒　猫

（修改稿）

喵星人球球渐渐长大，我发现它也越来越懒了。

怎么个懒法呢？

别家的猫，几乎天天在下面玩，很少跟主人回家。而我们家的球球，一天总得回来睡上三四次懒觉。

都说猫是夜猫子，球球也不例外，往往夜不归宿。起初，奶奶每天早上出去散步，就会把它叫回来。它吃点饭，睡个小觉就下去，似乎有好朋友在等着它。中午它就待在门前等着你回来，吃点饭，睡个小觉又下去。晚上回来也是如此，吃点饭，睡个小觉再下去。一天几个觉，睡得可香了。我真美慕它这种生活状态，吃了睡，睡了玩，玩了吃，整天没有一点学习压力。唉，我也老是不

香了。

这还不算懒呢！有一次，早上回家后，它就一直待在家，除了吃点饭外，就一直呼呼大睡。你说它懒不懒。

这不，昨天晚上又不知疯玩到何时才回来。我们十点起床，它又呼呼大睡。因我们要外出，晚上才能回来。妈妈似乎不忍心打扰正在熟睡的它，轻轻地抱起它，不，是捧起。它只是睁开蒙眬的睡眼看看发生了什么事情，就又开始睡了。直到妈妈把它放到地上，它才睁开眼，伸个懒腰，打个哈欠，在妈妈的脚边温柔地

想起床，哈哈，要是做一只不做那么多作业的猫多好。

这还不算懒呢！有一次，早上回家后，它就一直待在家，除吃点饭外，就一直呼呼大睡。我家阳台特别暖和，球球选择阳台的角落，既安静，又舒适。有的时候，它总是摆出很多造型，似乎有特别强烈的表现欲哦。譬如，仰面朝天四仰八叉地潇洒睡一回，手抱头眯起眼睛憨态可掬睡一回，扭着小蛮腰姿态万千睡一回……真是睡尽平生舒心梦，哪管人间揪心事啊。

这不，昨天晚上又不知疯玩到何时才回来。我们十点起床时，它又呼呼大睡。因我们要外出，晚上才能回来，妈妈似乎不忍心打扰正在熟睡的它，轻轻地抱起它，不，是捧起。它只是睁开蒙眬的睡眼看看发生了什么事情，就又开始倒头

蹭了两下，又回去倒头大睡了。

除我以外，我们家没一个懒人，怎么会有个懒猫呢？不会被我传染的吧！呵呵！

睡了。直到妈妈把它放到地上，它才睁开眼，伸个懒腰，打个哈欠，在妈妈的脚边温柔地蹭了两下，又回去倒头大睡了。

除我以外，我们家没一个懒人，怎么会有个懒猫呢？不会被我传染的吧，呵呵！

可敬的妈妈们：大家要和孩子一起喜欢小动物哦。养小动物虽然有些烦恼与不便，但为了孩子健康情感和美好心灵，大家还是可以请一些小动物们到家中做客，既能陪伴孩子健康快乐成长，又为孩子写作文提供丰富充盈的素材。那么写小动物作文，各位妈妈应该如何指导呢？

一是抓住动物主要特点。原稿紧紧抓住题目球球懒的特点，每一段都是紧扣此特点，没有一句多余偏题语言，足见小作者驾驭中心的能力。各位妈妈在辅导孩子作文时，首先要看看每一段、每一句是否和中心有密切的关系，若和中心没有多大关系的，就可以指导孩子删去多余语言。长期坚持，孩子驾驭语言能力自然就会增强，不会离题偏题了。

二是注意层次安排步步深入。文章层次体现孩子思考逻辑能力。这个能力必须慢慢培养，逐渐让孩子养成

球球仰面朝天四腿仰八叉地潇洒睡一回，手抱头眯起眼睛憨态可掬睡一回，扭着小蛮腰姿态万千睡一回……真是睡尽平生舒心梦，哪管人间揪心事啊。

深入思考的习惯。原稿很好体现了小作者思维的宽度和深度，值得大家学习。小作者娓娓道来，一步一步如剥竹笋般把球球懒的特点层层深化。第三段仅仅两句话，用比较方法把猫懒的第一个画面展示出来，"一天总得回来睡三四次懒觉"。第四段对第三段具体展开描述，进一步突出懒的特点。第五段开头"这还不算懒呢"，起到承上启下的作用，也是体现逐渐深入开挖，"它就一直待在家，除了吃点饭外，就一直呼呼大睡"。和第四段还能抽出时间外出的猫比较起来，睡了一整天的猫，真的算得上一只懒猫了。第六段写懒得憨态可掬。"它只是睁开蒙眬的睡眼看看发生了什么事情，就又开始倒头睡了。""在妈妈的脚边温柔地蹭了两下，又回去倒头大睡了。"这个素材安排在最后，把懒猫的特性刻画得淋漓尽致，把懒猫的形象推向高潮，素材到此收结，真是水到渠成。大家要不断引导孩子锻炼安排素材、体现层次的写作功力。也许在某一个明朗的清晨，孩子的思维之花就会在晨曦的露珠里悄悄绽放。

三是叙事描写要物我两融。写物的时候，要用人的心理去体会。写人的时候，可用物的情态来模拟。"我真羡慕它这种生活状态，吃了睡，睡了玩，玩了吃，整天没有一点学习压力。唉，我也老是不想起床，哈哈，要是做一只不做那么多作业的猫多好。"这两句就是物我两者强烈的对比，既写出猫的懒和惬意，又间接表现出小作者内心的苦恼和向往，很符合童趣。"仰面朝天四仰八叉地潇洒睡一回，手抱头眯起眼睛憨态可掬睡一回，扭着小蛮腰姿态万千睡一回……真是睡尽平生舒心梦，哪管人间揪心事啊。"这几句话则极尽幽默风趣的笔法，写出球球多姿多彩、"六亲不认"的迷人睡态，庄谐并重、耐人寻味，哪里像一只普普通通的懒猫，简直是位大梦不愿醒、心有天地宽的豁达高人了。"除我以外，我们家没一个懒人，怎么会有个懒猫呢？不会被我传染的吧，呵呵！"结尾体现小作者很好的处理能力，真正达到物我两融、物我相通的境地，文章显得有情有意。抑或是我的懒传染给球球了吧，背后"我"的形象也呼之欲出，猫和孩子是不是都可爱起来啦？物我两融的文章，读来妙趣横生。

四是学会拓展孩子思维广度。第五段，原稿显得较为单薄。既然更懒，就要比上一段多花点笔墨刻画。小作者却蜻蜓点水，没有把文章拓展开去，是因为缺乏思维广度。在修改稿中，加入阳台背景材料，阳台是暖和与安静的地方，是适合猫休息的地方。修改稿还拓展了懒猫多姿多态的睡姿，增添了懒猫可爱的形象，从可爱的睡姿角度进一步拓展懒猫"懒"的特点，形象就更加丰满，内容就更加充盈了。

原稿和修改稿之间差异，不再细述，请大家对照参阅。

球球睡觉六大姿势

（原稿）

我睡觉最多侧睡、仰睡，再就是钻到被窝缩成一团，暂且叫卷睡吧。可据我近阶段观察，小猫球球却有六大睡姿。哪六大呢？请我慢慢道来。

第一睡姿可数手臂垂直式仰睡了。中午，躺在阳台上，球球很快就有了睡意。让我笑得肚子疼的就是这种搞怪相了，竟然像人一样躺着。面朝上，两手和身体成垂直状，向后伸直。就这个姿势，它竟一觉都能保持过来，真了不得。

第二睡姿可数趴式睡姿。它笔直地趴

喵星人球球的花样睡姿

（修改稿）

我的睡姿多为侧睡、仰睡，再就是钻到被窝缩成一团，暂且叫卷睡或团睡吧。可据我近阶段观察，我的哥们儿猫先生球球却有多姿多彩的睡姿。如何多姿多彩呢？容我慢慢道来。

第一睡姿说说趴式睡吧。它笔直地趴在地上，两爪前伸，头枕前臂，后腿后伸，眯着眼，似睡未睡，有时还摇动两下尾巴，就是一副孩童趴在地上的模样啊，可爱极了。趴在地上，神似孩童；趴在沙发，就神似绅士了。绅士当然别有风度了。它安静地趴在沙发上，两只小爪往身体里一收，便睡着了。这个动作不夸张，也不调皮，表现了绅士风度。

在地上，两手向前，头枕手臂，后腿向后。眯着眼，似睡未睡，有时还摇动两下尾巴，就是一副孩童样啊。

第三是球状睡姿。这个睡姿必须在人的腿上才能完成。它舒服得躺在人的腿上，自然而然把身体缩成一个球，头靠在自己的大肚子上，一只手还搭在自己的脸上，看上去真像白色的大球。

第四是绅士睡姿。绅士当然是别有风度的了。球球安静地趴在沙发上，两只小手往身体里一收，便睡着了。这个动作不夸张也不调皮，只有绅士猫才能表现出来的姿势啊。

球状睡与趴式睡相比也毫不逊色。这个睡姿在人的腿上才能完成。每当吃过晚饭，我坐在电视机前，它就立即抢占地盘，爬到我的腿上，舒服地躺在我两腿之上，自然而然把身体缩成一个球，头靠在自己的大肚子上，一只手还搭在自己脸上，煞是可爱，看上去真像白色大球。每当此时，我的心也就柔软下来，心中升起无限爱意，静静享受它的黏人。

手臂垂直式仰睡当然最可爱不过了，尽显哥们儿风范。午后阳光和暖，是球球睡觉的美好时光。它躺在阳台上，很快就有了睡意。让我笑得肚子疼的就是这种手臂垂直式仰睡了。它仰面而睡，不羞不躁，两爪自然向后伸直，有时还会抱着头。肚子圆滚，都成男人的啤酒肚了。两腿也自然放开，好一副放荡不羁的睡姿啊。就

此外，还有斜睡、坐睡。坐睡可心疼人了，坐在那里，打着盹，一会儿闭着眼，一会儿睁开眼看看我们。

球球很能吧！光是睡姿就能整出如此多的花样，哥们儿，你令我敬佩不已啊，佩服佩服啊。

这个姿势，它竟一觉到底都能保持不变，真是神了。

此外，还有斜睡、坐睡……这坐睡可心疼人了。它坐在那里，打着盹儿，一会儿闭着眼，一会儿睁开眼，不知有多少心事在心头，扰得它如此心神不宁，好一副可怜兮兮的模样哦。

球球这哥们儿很能吧！光是睡姿就能整出如此多花样。哥们儿，你令我敬佩不已，佩服佩服啊！

可敬的妈妈们：懒猫球球又闪亮登场了。可见，小作者对球球老喜爱了。这次是从睡姿多姿多彩的特点细致入微描写，展现小作者深入细致的观察力和总结概括的能力。大家的心被球球可爱的睡姿软化了吗？笔者的心反正被软化了。还是先看看原稿优点吧。

原稿紧紧围绕小猫球球的多彩睡姿，生动幽默描绘了憨态可掬、怡然自得的可爱特点。本文有几个特色：

一是条理清晰。全文描述六大睡姿，其中四大睡姿每个独立成段，斜睡、坐睡融合一段，既显得重点突出，

球球仰面而睡，不羞不赧，两爪自然向后伸直，有时还会抱着头。肚子圆滚，都成男人的啤酒肚了。两腿也自然放开，好一副放荡不羁的睡姿啊。就这个姿势，它竟一觉到底都能保持过来，真是神了。

又做到详略得当，层次清晰，段落分明，体现了小作者非常清晰的写作思路和谋篇布局的熟练能力。这一条值得大家学习借鉴。小作者根据日常观察总结出小猫球球的典型睡姿，再按照主次先后或个性特点有条不紊叙述。不论写什么题材，孩子都要善于围绕中心思考应该写哪几个方面内容，每块内容又要安排哪些事项，能把这些内容和事项梳理出来，文章层次及脉络基本也就出来了。

二是观察积累。作文都是现实生活的生动反映，以规范系统和紧密联系的文字形式表现作者的所见所闻所感所想所盼所得所避，基本都是源于作者日常观察思考以及生活履历。孩子如果注意观察思考，善于积累所见所闻所感所想，就比较容易做到下笔就有话说，也能围绕主题有针对性集中笔墨恰到好处地表达叙说。本文所说六种睡姿之所以生动传神、具体形象，本质上是作者日常观察思考所得。当然，小猫球球日常睡姿肯定不止这几种，也不可能事无巨细面面俱到一一叙述。作者便很巧妙地从大量睡姿中找寻几种最为突出的造型。当然，没有日常积累，也不可能写出这么多可爱的睡姿，还能作出筛选取舍。

三是语言老辣。作者分别运用了拟人、比喻、设问等修辞手法娓娓道来，幽默风趣，绘声绘色，可见可感，细腻传神，很有味道，并能主动把"我"的情感融入其中，使得全文如行云流水，可读耐读。

　　当然，原稿不足之处还是存在的。首先是结构安排显得直观生硬，缺乏作文段落之间自然转合。有一位妈妈说，自家孩子作文段与段之间，总是缺少拐点，此话说得非常生动形象。作文段落之间要有拐点，才能引起读者的阅读兴趣和兴奋感官。大家再看看《懒猫》，总是设计小拐点，让你跟随小作者一步一步了解懒猫的形象。

　　"怎么个懒法呢？"用设问的语句形式，引人深思。"别家的猫，几乎天天在下面玩"用别人家的猫和自家猫简单对比。"都说猫是夜猫子，球球也不例外，往往夜不归宿"交代球球懒的原因。再来进一步叙述懒的特点。"这还不算懒呢！……这不，昨天晚上又不知疯玩到何时才回来"中的"这还不算懒"，既是内容深入，也是语段自然衔接和层次交代，更是拐点到来，是全文内容重点之所在，"这不，昨天晚上又不知疯玩到何时才回来"显得亲切自然，似乎和你面对面在讲述懒猫故事。而《球球睡觉六大姿势》就缺乏层次的起伏跌宕特点，缺乏让人兴奋的拐点，显得平铺直叙。

　　孩子们在转换段落时是不是会用"有一件事让我难忘""还有一件事让我也难忘"这样的简单语句转换段落呢？

　　修改稿注重段落之间首句引领内容转换的特色。大家暂且把这几句连缀起来看看，"第一睡姿说说趴式睡吧""趴在地上，神似孩童；趴在沙发，就神似绅士了""球状睡与趴式睡相比也毫不逊色""手臂垂直式仰睡当然最可爱不过了，尽显哥们儿风范""还有斜睡、坐睡……这坐睡可心疼人了"，是不是像妈妈们缝针走线，丝丝入扣。第一是趴式睡，趴式睡又分在地上睡和沙发上睡，原稿是分开来写，修改稿把它们放在一起写，是为了文脉更加清晰，内容更加集中。"球状睡与趴式睡相比也毫不逊色"从趴式自然过渡到球状式。"手臂垂直式仰睡当然最可爱不过了，尽显哥们儿风范"这个转合句，暗藏小作者在此段要大显身手，哥们儿风范在此也要大放光彩。顺着内容看下去，写作真如走针线，一针一脚要紧凑连接，针针相扣，才能达到天衣无缝的境界。

善于设计拐点高超艺术手法的当属鲁迅先生。各位妈妈不妨站在更高立足点上拓展眼界学习。鲁迅《记念刘和珍君》在结构安排、段落转换等方面有很多可学之处。大家可以找来看一看，若能读懂读透，给孩子指导作文就又能多两三把刷子了，孩子一定会老佩服你了。

第一部分结尾一段开头"可是我实在无话可说。我只觉得所住的并非人间"起承上启下的作用，既是对上面内容概括性总结，又是情感凝滞不前的时候，还是对此段下文非人间的起领，起承转合十分自然明显。

第二部分结尾，又是一个起承转合。"我们还在这样的世上活着；我也早觉得有写一点东西的必要了。离三月十八日也已有两星期，忘却的救主快要降临了罢，我正有写一点东西的必要了"这段为下文具体铺写刘和珍生前事迹转合。

第四部分结尾"惨象，已使我目不忍视了；流言，尤使我耳不忍闻。我还有什么话可说呢？"在刘和珍和一些同学遭到段祺瑞政府残暴杀害后，流言蜚语令作者出离愤怒，当然已经无话可说。但是，笔锋一转，写到"但是，我还有要说的话"。在经历感情抑制之后，还要继续揭露段祺瑞政府暴行，下面几段语句非常细致刻画段祺瑞政府极端暴行，在内容上比第四部分刻画得更加细腻深刻。

结尾以"呜呼，我说不出话，但以此记念刘和珍君"收结文章，不仅是内容终结，而且是作者悲愤之情的高潮，文章戛然而止，留下了作者绵绵不尽的痛苦之情。

原稿总体上比较成熟，修改稿基本在其基础上增加细节，重点在第一睡姿和第三睡姿上细加刻画，通过拟人化、动作特写等手段丰富形象。增加人猫情感交融，通过称呼小猫球球为哥们儿、精描细刻球状睡姿和使用"敬语"等手法，多层面叙述自己对球球的喜爱之情，处处可见"我"能够深度融入其中，真正达到物我两融境界。

孩子描写事物时要善于把自己与叙述对象融合起来，把自己当成其中的一员，换位思考感受叙述对象的喜怒哀乐，从叙述对象角度组织文字，就会更加生动形象，富有感染力。例如，如果写树，就把自己也当成一棵树，自己与树站在一起感受风雨；如果写狗狗，就把自己也当成一条狗狗，想象从狗狗角度观察世界和理解人情世故；如果写花，就把自己当成一朵花，自己艳丽多姿、芳香怡人；等等。

活泼标题。标题是文章的眼睛，出彩不出彩，直接关系整篇文章的神采风貌。标题创意原则是切合内容、体现意旨、引人入胜，最好让人看到标题就有读下去的冲动。作家一般都很重视标题的草拟，往往结合内容反复斟酌润色，以求醒目而贴切。笔者也非常重视文章及段落标题，通常会在文章完稿后反复打磨，力求工整贴切。这在《秘书的秘书：秘书实践一本通》《秘书的秘书2：公文处理实例》《秘书的秘书3：新时代机关标准化管理指引》中有丰富表现。本篇文章风格幽默风趣，标题也应跟此风格相适应，才能做到文题谐和、紧密关联。原稿标题《球球睡觉六大姿势》过于平淡无味，虽然切题，但是不般配，球球还要读到正文才知道写小猫，有点生搬硬套的味道。修改稿《喵星人球球的花样睡姿》直接用猫的网络昵称，让人一看就知道本文在写一只猫的故事；花样睡姿在修改稿里不提具体几种了，直接采用模糊化处理，既显得语言俏皮，与内容相契合，又说明球球的睡姿之多，让人更有想象空间，还防止标题所说睡姿数量与正文不符而自绕己腿，为叙述睡姿数量留出余地。

其他文字细调之处，请大家对照参阅。

陪小鸡玩

（原稿）

中午放学一到家，我便赶忙写作业。为什么要这么勤奋呢？因为我要陪我的小鸡球球和绒绒在楼下玩。

我把球球和绒绒刚放到草坪上，它们俩高兴劲儿就来了，跑得飞快。想再把它们装进盒子里，已经不是件容易的事儿了。

它们俩跑到草多的地方，便开始寻起了"宝"。我总见它们时不时地就低下头啄几下，也不知吃些什么。我摘点嫩嫩的草叶放在手里，伸到它们面前。它们用那小黄嘴在我手上啄来啄去，一会儿疼，一会儿痒。不一会儿，绿叶就全被清扫光了。

它们总是喜欢四处跑，有时还会和其他小鸡玩在一起，小绒绒有时干脆跟着其他的鸡群了。

我今天中午玩得真开心啊！

陪小鸡玩

（修改稿）

中午放学一到家，我便赶忙写作业。为什么这么勤奋呢？因为我要陪可爱的小鸡球球和绒绒到楼下玩呢。

球球和绒绒是我的铁杆好友。它们是我费尽心机才买来的。为了它们，我向妈妈郑重保证，有了可爱的小鸡，我会更加努力学习，也会认真培养自己跟动物相处的能力。妈妈经不住我软磨硬泡，为我买回一黄一白两只小鸡。黄的圆乎乎，我给它起名球球。白的毛茸茸，我给它起名绒绒。这不，回家第一件事儿就赶紧做作业，既要让妈妈高兴，又要遵守我的诺言。俗话说："君子一言，驷马难追。"我要在妈妈面前树立君子的形象。

我刚把球球和绒绒放到草坪上，它们高兴劲儿就来了，叽叽喳喳，展开两只小翅膀，头也不回，跑得飞快。我想再把它们装进盒子里，已不容易。

它们俩跑到草多的地方，便开始寻"宝"。我见它们时不时就低下头啄几下，也不知吃些什么，有时还用它们黄黄的爪子翻起泥土找食吃，真是可爱极了。我摘点嫩嫩的草叶放在手里，伸到它们面前。它们用那小黄嘴在我手上啄来啄去，一会儿疼，一会儿痒，甭提多有趣了。不一会儿，绿叶就全被清扫光了。

它们总是喜欢四处跑，还和其他小鸡一起玩。小绒绒有时干脆跟着其他鸡群混了。我赶紧赶着球球加入绒绒的部队中去，不然它一落单，就站在那里昂着头唧唧叫着找绒绒。

我们小区因为我买了两只小鸡，童童、然然等小朋友也都买了小鸡。每次放学后，我们小区草坪上就小鸡成群，非常热闹。小朋友们不再四处追打皮闹，都围着

小朋友们不再四处追打皮闹，都围着小鸡叽叽喳喳，一会儿摘草，一会儿捉小虫，玩得既文文静静，又快快乐乐。

小鸡叽叽喳喳，一会儿摘草，一会儿捉小虫，玩得既文文静静，又快快乐乐。

时间过得真快，家家都喊着小朋友们回家吃饭了。小朋友们又开始欢呼起来了，小心翼翼地追逐小鸡。在大家相互协作下，我们终于都把调皮爱玩的小鸡捉到各自的纸盒里。

小朋友们都舍不得短暂的中午时光。我也带球球和绒绒恋恋不舍地回家了。

可敬的妈妈们：这又是一篇写小动物的作文，通过《懒猫》作文的学习，大家是否能看出《陪小鸡玩》原稿的优点和它的先天不足呢？

先来看看原稿优点吧。本文写得流畅而有趣，以生动形象的语言叙述了小鸡的活泼可爱，以及自己跟小鸡在一起快乐玩耍的美好时光，特别是"它们用那小黄嘴在我手上啄来啄去，一会儿疼，一会儿痒"这句话，传神刻画了小鸡啄手的独特感受，让人印象深刻。

现在一起看看原稿先天不足之处。不足之处还是缺乏思维广度，把视野局限在自己和小鸡身上了，显得就小鸡写小鸡，内容就比较单薄。文中有两处实际上已有拓展丰富的想法，可惜点到为止，未能拓展丰富。其一，第一段点到养小鸡对自己学习的影响，可以进一步说明对自己有何影响。其二，倒数第二段讲球球和绒绒有时还会和其他小鸡玩在一起，小绒绒有时干脆跟着其他的鸡群了，这就说明小区里养小鸡的人还不少，是什么人养的，这些人跟自己有没有关系，大家跟小鸡在一起玩耍的情景又怎么样，大家在一起玩小鸡有没有更多的快乐，哪些快乐值得说一说，大家在一起玩小鸡有没有什么心理活动，等等，这些都是可以拓展丰富的内容。大家可以顺着这个思路把作文写得更加生动活泼、内容丰富。

原稿和《懒猫》是不是存在类似不足之处呢？思维广度要从作文抓起，从娃娃抓起。思维广度是人们认识事物、思考事情、处理情况都需要的一种思维方式。部分同学到初中、高中作文还是止步不前，没有长进，很大原因是缺乏思维广度，往往是就事写事，就事论事，缺乏广度和深度。妈妈要经常指导孩子，既善于把事情来龙去脉讲好，又善于把与事情相关的背景材料联系好，还要把事情的内部元素、核心要素深挖好，这样写出来的文章才有风度，更有深度。

这在作文中的术语叫补叙。笔者在前面写景作文中也反复提到这种手法。我们再做阐释，以便更全面深刻理解。

首先，修改稿买小鸡的背景就是运用补叙手法，介绍自己为了购买小鸡向妈妈做的争取说服情节，还有自己集中精力做作业以兑现诺言的内容，表现了作者懂事、自律和守诺的良好形象，表面上看与小鸡没有关系，实际上通过此事说明了小鸡对于自己的影响以及小作者的性格特征，让文章充满内在激励的力量。

其次，看小鸡起名来由。运用补叙手法描绘了小鸡的颜色以及个性特点，告诉大家为什么叫它们球球、绒绒，帮助读者解惑，也让两只小鸡形象跃然纸上，令人疼爱。

然后，看小区小朋友。运用补叙手法介绍了童童、然然等小朋友陪小鸡玩的热闹场景，就对原稿第四段突兀冒出来的"其他小鸡"作了补充，丰富了文章内容，增加了众多小朋友快乐玩耍的群体气氛。

补叙又叫追叙，指用简短文字对前面内容做些补充交代，让相关内容更加完整、主题更为集中、重点更加突出、行文跌宕起伏，防止内容出现漏洞、跳跃过大而让人费解。妈妈们可以有意识地指导孩子运用补叙手法，看看能否收到很好的效果；学会补叙手法，就不愁文章字数和内容不丰盈了。这一手法在小说中运用得最多。各位妈妈不妨找些小说和孩子一同分享、欣赏补叙手法独特的魅力。

深挖文章情感内涵。大家看看自己养小鸡的影响。第五段写球球和绒绒跑到其他鸡群玩耍。第六段鸡群就在此基础上承接而来，鸡群是哪里来的，自然而然就写到因受我的影响，小朋友们也都买来了小鸡，小鸡给小朋友带来的精神力量和合作精神。这个情节看似简单，实际上写出小鸡之外小伙伴的世界，还是跟小鸡紧密联系在一起，说明不仅是小鸡们在一起快乐玩耍，还有小区里可爱的小伙伴们，让这种快乐由小鸡之间转移到小伙伴之间，快乐的内涵当然就更加丰富，文章内涵也就丰富而深刻了。

孩子在哪里，快乐就在哪里，春天就在哪里。小鸡、小猫等小动物是孩子的快乐源泉。孩子与小动物相处相伴的时光更是他们童年的难忘记忆。文如其人，各位妈妈不妨多花点精力融进孩子的精神世界，与孩子共同分享成长的快乐。孩子笔下字里行间活泼阳光，文章内在气质也就高雅了。

找 鱼

（原稿）

晚上一回到家，我便看到妈妈中午买回来的几只乌鱼正在厨房的地上游着呢。不用说，我也知道这是小花猫干的好事，它正聚精会神的趴在乌鱼前，贪婪的目光直刺得鱼儿蜷缩在那里，浑身湿透了，舌头舔着嘴巴，馋涎欲滴的样子。

我将鱼重新放入盆里，咦！怎么少了一条，我又数了数，还是少了。我想，不好，可能被猫吃了，或许还能找到蛛丝马迹。我赶紧拿着"放大镜"开始寻找。

找 鱼

（修改稿）

晚上一回到家，我便看到妈妈中午买回来的几条乌鱼正在厨房地上游着呢。不用说，我也知道这是小花猫干的好事。它正聚精会神地趴在乌鱼前，浑身湿透了，舌头还舔着嘴巴，一副馋涎欲滴的样子，贪婪的目光直刺得鱼儿惊恐地蜷缩在角落。

我一看到它这种馋嘴的姿势就觉得好笑。爸爸喜欢钓鱼，经常会把钓来的鱼放在水盆里，养上三两天。小花猫见了，心里特别痒痒，经常在水盆边走来走去，还不时把爪子伸到水里"勾引"一下鱼，有时弄得它浑身都湿透了，厨房里也往往变成了"水塘"。有一次，爸爸把空鱼桶放在厨房里。它就聚精会神趴在那里，寻找攻击机会，我们看着都

我在厨房里的每个角落翻找，连片鱼鳞也没有发现。看来，鱼真的被猫吃了。可我又不敢相信，这么大的鱼它怎么能吃完呢？况且，小花猫是不太爱吃生的东西的。我又到客厅沙发的下面找，到空调的后面找，到阳台上洗衣机的周围找，甚至到书房里找，都没有找到乌鱼的影子。这个猫贼，能把乌鱼拖到哪里去呢？我又学着警犬嗅嗅这里嗅嗅那儿，一点儿味道也嗅不到。

接着，我用我的火眼金睛扫了一下洗澡间，好家伙，乌鱼正躲在洗澡间里呢！

笑喷了。

我将鱼重新放入盆里，咦！怎么少了一条，我又数了数，还是少了。我想，不好，可能被猫吃了，或许还能找到蛛丝马迹。小花猫最爱吃鱼，所以爸爸也爱上了钓鱼，妈妈也经常买鱼，爱猫胜于爱我了。我有时还心生嫉妒呢！可我又不敢相信，这么大的鱼，它怎么能吃完呢？况且，小花猫是不太爱吃生东西的。

或许是鱼逃跑了吧。我赶紧拿着"放大镜"开始寻找。我在厨房每个角落翻找，连片鱼鳞也没有发现。看来，鱼真的被猫吃了，刚才它不还舔着嘴巴津津有味的吗？妈妈回来，一定会给它颜色看看。我急忙又到客厅沙发下面找，到空调后面找，到阳台上洗衣机周围找，甚至到书房里找，都没有找到乌鱼的影子。这个猫贼能把乌鱼拖到哪里呢？我又学着

我将鱼重新放入盆里，咦！怎么少了一条，我又数了数，还是少了。我想，不好，可能被猫吃了。

它用惊恐的眼睛看着我。看来，这只乌鱼没少受猫的欺凌。我把乌鱼拿到水盆里，它又和它的朋友们欢聚在一起，自由自在的游玩着。

痴迷的小花猫还想守护在水盆的旁边，赖着屁股不走。我用武力才把它请出了厨房。

警犬嗅嗅这儿嗅嗅那儿，一点儿味道也嗅不到。

接着，我用我的火眼金睛扫了一下洗澡间。好家伙，乌鱼正躲在洗澡间里呢！它用惊恐的眼睛看着我。看来，这只乌鱼没少受到猫的欺凌。我把乌鱼拿到水盆里，它又和它的朋友们欢聚在一起，自由自在地游玩着。

痴迷的小花猫还想守护在水盆边。我赶它，它都赖着屁股不走。我只好用武力把它请出了厨房。

可敬的妈妈们：这篇小作文是否让大家看到孩子那颗扑闪扑闪的童心呢？笔者被孩子的童心闪着了，愿意和孩子一同用童心快乐地触摸这个多彩而可爱的世界。

原稿用生动活泼的语言写出自己寻找乌鱼的经过，连用四个找，突出小作者急切快速的动作，同时用嗅、火眼金睛、扫等词语表现不同的寻找方式，增添趣味性。结尾语言也很幽默。为凸显补叙手法在文章中的重要地位，修改稿还是在原稿的基础上稍作补充。

　　修改稿第二段进一步拓展小花猫贪鱼的形象，用补叙手法增加爸爸钓鱼及爸妈爱猫胜过我的举动，都是为突出表现小花猫喜欢吃鱼的特点，增加叙述对象的关联性和立体性。孩子围绕一条主线写作时要学会把其他相关内容缠绕、穿插到这根主线中，善于把日常生活有选择地运用到文章中去，让内容更加生动、形象、丰满；仅仅围绕事件顺序记录描绘，文章就显得单薄平淡。例如，第二段用一个段落补充小花猫的贪鱼情结，让小花猫贪鱼的形象更加生动、丰满，文章也显得丰富充实。善于调动思维，搜索所写事物方方面面特质，紧紧围绕主题选择为文章中心服务相关内容。这样才能体现总结提炼、感悟生活的能力，才能体现驾驭作文的本领。补叙在《陪小鸡玩》已有表述，在此不赘述。

　　文中部分字词做了调整。一是规范"的""地""得"用法。"的""地""得"属于汉语常用词。"的"用在形容词后面作为定语修饰后面名词或名词性词组，例如：粉红色的回忆、高大的松树。"地"作为结构助词用在副词后修饰后面的谓语。例如：悄悄地走开、缓缓地升起、飞快地跑出去。"得"作为结构助词用在动词后面，表示能够、可以或可能，例如：来得好、吃得开、办得到；用在动词或形容词后面，连接表示程度或结果的补语，例如：美得不得了、乐得合不拢嘴、快得停不下来。原稿中，"它正聚精会神的趴在乌鱼前"应为"它正聚精会神地趴在乌鱼前"，"自由自在的游玩着"应为"自由自在地游玩着"。二是精简字词。主要是积极精简句子之中可用可不用的字词，促进句段简洁整齐。例如，"我又到客厅沙发的下面找，到空调的后面找，到阳台上洗衣机的周围找"中三个"的"字都可以去除。三是注意用词正反类同对应，保持用词规整严谨。例如，"我又学着警犬嗅嗅这里嗅嗅那儿"中"这里"跟"那儿"对应应用"这儿"，如用"这里"，后面就应改为"那里"。这些细节性词语也要不断修正。细节决定成败，细枝末节影响文章的流畅性，也不可小觑哦。

读后感篇

知识守护生命

（原稿）

新学期来临了，当然是要有"开学第一课"。这不，老师就布置我们收看 CCTV-2 的开学第一课。

课程分为四堂课，第一堂为潜能，第二堂为坚持，第三堂为团队，第四堂为生命。每堂课都生动有趣。

潜能：桑枣中学的同学凭借逃生知识，仅用 1 分 36 秒，2300 多名学生就逃脱。举重运动员们不断超越自我，挖掘潜能。

坚持：李中俊用自己坚持的信念，成功拯救自己。

团队：一个小朋友对付姚明，即使有易建联这样的大个也明显弱小，但团队呢？！

生命：瘫痪近 40 年的李圣豪老人在洪水来临的时候，顽强爬上葡萄架，表现了生命的坚守和执着。

看完这个节目，我深受启发。关键时候，知识守护生命。不是吗？桑枣中学同学们之所以仅用 1 分 36 秒就全部撤退到空地，无一人伤亡，且整齐有序。如果没有平时的知识积累和实战训练，就不可能完成。李中俊凭借自己的坚持，拯救自己。在危险的时候，我们应该多运用知识维护生命，也要记住那十大法则，没准就能派上用场。我们平时也应该多读一些危险时的急救方法和卫生健康小常识，让这些知识来保护我们的生命吧。

知识守护生命。

知识守护生命

（修改稿）

新学期来临，当然要看《开学第一课》。这不，老师就布置我们收看 CCTV-2 的《开学第一课》。

课程分为四堂课，第一堂为潜能课，第二堂为坚持课，第三堂为团队课，第四堂为生命课。每一堂课都生动感人、发人深思，给人启迪。

首先，看看潜能课。2008 年汶川大地震发生时，四川省绵阳市全安县桑枣镇桑枣中学 2300 多名学生凭借逃生知识，仅用 1 分 36 秒就逃脱危险。奥运会举重冠军也是不断超越自我，坚持不懈挖掘潜能，才取得一个又一个成功。

其次，看看坚持课。重庆初三学生李中俊上学途中不小心跌入 40 多米深的天坑，昏迷三天苏醒后忍受着饥饿和寒冷，一次又一次顽强地往上爬，经过七天六夜终于爬出天坑，用自己坚持的信念成功拯救了自己。

再次，看看团队课。在与体育明星互动环节，抗震小英雄、小班长林浩带着 4 个小朋友和姚明、易建联拔河。5 个孩子用尽全力，也不敌两位篮球"巨人"，最后增至 14 人，终于战胜姚明和易建联。这节课生动展示只要我们凝聚团队的力量就可以创造奇迹的道理。

最后，看看生命课。这堂课讲的是广东省雷州市龙

平时我们应该多学习一些安全常识，让这些知识保护我们的生命。真的，知识守护生命。

门镇四个小孩勇救瘫痪爷爷李圣豪的故事。有一年发洪水，最大才10岁的李丽清带领三个妹妹，用梯子和棋盘搭建浮桥，交替护送瘫痪近40年的爷爷一点一点爬上5米高的葡萄架，用团队的力量保护了爷爷的生命。

看完《开学第一课》，我深受启发，特别是对以下几条感受特别深刻：一是应该勇于超越自己，不断给自己树立奋斗目标，咬定目标努力学习知识、提升能力，力争取得更好成绩。二是坚持就是胜利，做事要有韧性，为了实现目标就要能吃苦，敢追求，不放弃，坚持不懈朝着目标前进，谁坚持到最后，谁就是胜利者。三是团结就是力量，人多力量大，人心齐泰山移，众人划桨开大船，众人拾柴火焰高，说的都是这个道理。四是知识可以守护生命，平时应该主动学习掌握日常安全防护知识，以便关键时刻用得上，保护自己和身边人的生命。其中印象最深者当属知识可以守护生命。

在日常生活中，我们可能会遇到很多危险，如燃气爆炸、煤气中毒、溺水死亡、交通事故等。这些危险时刻会影响我们的生命安全。我们有必要懂得这些安全常识、施救知识。懂得了，我们可以预防危险。遇到了危险，我们又可以守护好自己或他人的生命。

可是在日常生活中，我们太缺乏这些安全常识了，更多的人不去学习，在遇到危险时不知该怎么办，最后用生命换来惨痛的代价，十分可惜啊。因此，平时我们应该多学习一些安全常识，让这些知识保护我们的生命。真的，知识守护生命。

可敬的妈妈们：观后感、读后感等感受型作文是六年级孩子接触不久的文体，比起一般记叙文要难写些。这类感受型作文是培养孩子判断分析、思考总结、融会知识的有效手段，也是培养孩子将来阅读理解、消化吸收和沟通交流等本领的基础训练，有助于提升孩子的理解能力、总结能力和表达能力。各位妈妈在孩子能够讲话交流的时候，就可以开始锻炼孩子的读后感能力。大家给孩子讲一段故事，带孩子到大自然活动，在家带孩子游戏，在这些活动结束后，都可以请孩子谈谈感受和收获，然后有意识启发和引导孩子如何围绕主题有条有理表达自己的感受和收获，就是很典型的读后感雏形；等到孩子能够动笔写字的时候，就可以鼓励孩子把自己的所思所想写出来，慢慢帮助孩子锤炼书面表达能力。

现在回到正文。原稿有两大看点：一是对观看内容概括总结简洁明朗，即潜能、坚持、团队和生命。接着对每一种内容简要阐述，不面面俱到，不拖泥带水。二是写《开学第一课》对自己的启发，表明观点，呼应文题，突出重点。文章脉络清晰，思维缜密。

不足之处是没有离开观看的内容，进一步联系生活经验阐述自己的启发感想；部分内容叙述简单，不完整、不连贯，显得语焉不详，影响段意充分表达。这是孩子写作的痛点、堵点、弱点。孩子克服或规避这些不足，可为初中和高中阶段写作议论文打下基础。

通过回看 2008 年 9 月 CCTV-2 的《开学第一课》，笔者认为这节课主题鲜明，内涵丰富，饱含团队精神、超越自我、坚持不懈等诸多内容。这些主题又都统领于知识守护生命。为增加读后感与课堂内容的契合度，修改稿做了以下几个调整：

一是让课程叙述更饱满。原稿叙述部分有点过于精练，对一些人和事情交代得不清楚，对于作者自己来说可能心领神会，但是对于读者来说可能就匪夷所思了。比如原稿写"坚持：李中俊用自己坚持的信念，成功拯救自己。"李中俊是哪里人，是如何用自己的信念成功拯救自己的？没说清楚。修改稿则简单交代事情经过，让读者知道到底怎么一回事，也更容易从中感受寓含其中的启迪。其他三节课也采用同样笔法简单交代清楚，为后面表达感想提供基础。

二是让有感而发富有针对性。读后感重点在感。感从何来，如何说感？感想应从特定内容而来，表达耳闻目睹而产生的心理和思想感受系。其次，到底写什么感受？阅读同样一篇文章，不同的人可能有不同的感受，同一个人在不同时间或带着不同心境阅读也会产生不同的感受。对此，孩子不要面面俱到、事无巨细、漫无目的地表达自己的感想，以免造成表达观点的分散；又要力求找到对自己印象最深的感想，或者自己最想表达、最希望介绍给别人的感想。对自己印象最深、最想表达或最希望介绍给别人的，就是孩子可以落笔的内容。按照这个思路，修改稿针对课堂四个板块主题分别表达了相应的感想。

三是突出重点强调。对于感想，大家可以择要讲几条，也可以突出重点强调某一条，当然还可以在讲几条基础上抽出印象最深的予以突出强调。修改稿采用第三种表达方式，在四条中选择"其中印象最深者当属知识可以守护生命"，然后集中笔墨谈谈自己对于知识守护生命的理解，就让读后感在原有基础上得到升华拓展，向读者传递自己最希望表达的思想。小作者在就读高中期间曾写过一篇谈《梦想》的演讲稿，脉络层次比较清楚，也很有代表性，对于大家谋篇布局、择要而言都有可借鉴性。现附后供大家对照参阅。

四是注意拓展内容。这篇读后感对同学们而言，跟实际生活联系较为紧密，且在日常生活耳闻目睹类似正反面案例都比较容易，因此也应有话可说。原稿缺点是没有离开课堂内容，限制了感想的深化、拓展与融合生活，也就削弱了感染力。修改稿在强调知识守护生命后就紧密结合日常生活介绍生活中可能遇到的各种危险因素，以及拥有基本救护知识和能力的重要性，就会让读者阅读后产生思想共鸣，从而为有意识学习安全知识、培养安全能力提供助力。这就告诉大家，写读后感既要紧密结合原文，又要紧密融合生活实际，才能做到既不偏离主题，又不会浮在半空。

梦 想

大家好，今天我演讲的主题是"梦想"。

首先，请大家欣赏一段白岩松在耶鲁大学发表的《我的故事以及背后的中国梦》演讲（播放视频）。

我们看到，白岩松的人生经历了四个重要的十年节点。

第一个节点：1968 年，他出生于东北一个贫穷的村庄，不仅仅是他，几乎每一个个人很难说拥有自己的梦想。

第二个节点：1978 年，他靠着母亲微薄的工资艰苦度日，梦想这个词对他来说，依然很陌生。

第三个节点：1988 年，他凭借高考拥有了改变人生的机会，梦想变得越来越具体，越来越高远。

第四个节点：1998 年，他成为中央电视台新闻节目著名主持人，成为中国乃至世界闻名的一个人。

梦想让白岩松站得更高，站得更久，站得更有价值。

梦想总是随着人们年龄增长、阅历丰富、奋斗前行而不断站得更高，望得更远，活得更有价值。飞鱼的梦想是拥有一双坚挺有力的翅膀，翱翔天空。大树的梦想是长得高大挺拔，成为栋梁之材。小草的梦想是绿遍天涯海角，把这个世界装扮得更加美丽。我也有我的梦想。

上小学的我，梦想很幼稚。因为自己太贪玩，不想上学，不想过着受约束、受限制的生活，于是我常常梦想早上八点起床，下午四点准时放学，晚上八点准时看动漫世界，九点立刻进入自由自在、无忧无虑的梦乡。

上了初中的我，梦想很荒诞。我爱想入非非，想外国是什么样子，想宇宙是什么样子，想古时候是什么样子，想去攀登喜马拉雅山，想遨游世界，甚至想征服星辰大海。那美丽的星星闪闪烁烁，神奇又诡秘，很是吸引着我。我经常数着天空的星星，翻阅宇宙的书籍。

上了高中的我，梦想很高远。我想成为外交家，梦想成为像王海容、傅莹那样气质不凡、聪慧过人、心怀祖国的外交家。我梦想体验异国风情，品尝特色美食，欣赏奇山丽水，但这梦想的背后，更多的是希望中国走向世界，哪怕是传递一张印有中国青花瓷的名片，成就着我传播中华文化的向往。我们虽然已经过上幸福的生活，但是还面临着来自各方面的威胁，尤其是西方国家的挑衅。我们的生存环境虽然有所改观，但是还面临着环境污染，尤其是空气污染、生态失衡。我们虽然重视生命的价值、生命的平等，但是还能看到有些落后的国家将人民的生命视如草芥。我多么希望世界各国人民相互尊重，友善相处，组成一个经济与政治共同体，在和平与协调中共同发展。如果能这样，世界就会减少摩擦，减少争夺与战争，就会真的变得很简单。

尽管实现梦想的道路漫长而修远，我仍然会为之披荆斩棘，上下求索。

谢谢大家！